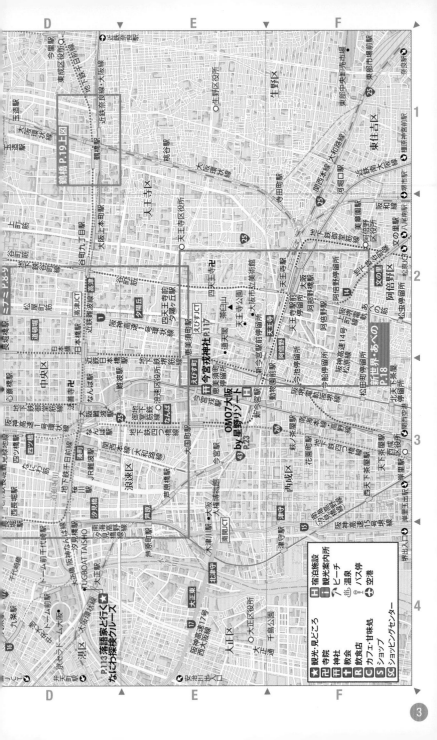

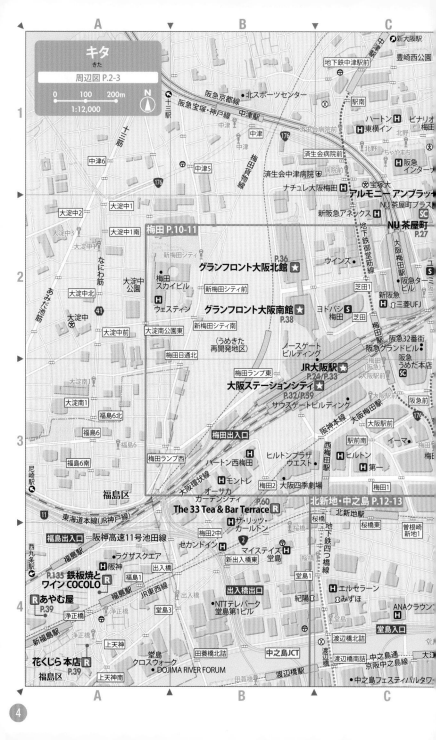

阪急京都線
●北スポーツセンター
阪急宝塚・神戸線　中津駅
十三駅
済生会病院前
中津
中津
新大阪駅
地下鉄中津前
豊崎西公園
駅南

中津6
中津5
梅田貨物線
済生会中津病院前
済生会中津病院
ナチュレ大阪梅田 H
北野
北野
ハートン H ビナリオ
東横イン H 梅田
ちゃやまち
H 阪急
インターナ

大淀中2
大淀中1南
大淀中1
梅田 P.10-11
アルモニー アンブラッ H ×宝塚大
NU 茶屋町プラス
SC
NU 茶屋町
P.27

大淀中3
大淀中4
なにわ筋
大淀中
公園
新梅田シティ
梅田
スカイビル
P.36
グランフロント大阪北館 ★
新梅田シティ前
ウインズ●
芝田1
大阪
梅田
駅

大淀中前
H ウェスティン
グランフロント大阪南館 ★
P.38
新梅田シティ南
ヨドバシ S
梅田
芝田
阪急ターミ
ナルビル
新阪急 H Ω三菱UFJ

大淀中北
大淀中
41
大淀南公園東
梅田日通北
（うめきた
再開発地区）
ノースゲート
ビルディング
梅田
阪急32番街
阪急グランドビル●
阪急
うめだ本店
SC

大淀南1
福島6北
梅田ランプ東
JR大阪駅 ★
P.24/P.33
大阪ステーションシティ ★
P.32/P.59
梅田
(阪急)
梅田阪急前

大淀南
福島6
梅田ランプ西
梅田出入口
サウスゲートビルディング
阪神本線
大阪梅田駅
駅前南
176
梅田
梅田前

福島6南
尼崎駅
福島区
ハートン西梅田
ヒルトンプラザ
ウエスト●
西梅田駅
H ヒルトン
H 第一

11
東海道本線(JR神戸線)
H モントレ
オーサカ
ガーデンシティ
梅田2
大阪四季劇場
梅田1

The 33 Tea & Bar Terrace R
P.60
北新地・中之島 P.12-13

福島出入口
阪神高速11号池田線
H 梅田2中
ザ・リッツ・
カールトン H
北新地駅
桜橋
桜橋東
曽根崎
新地1

西九条駅へ
福島駅
ラグザスクエア●
H 阪神
出入橋
セカンドイン H
マイステイズ
新出入橋東
堂島
堂島1

P.135 鉄板焼と
ワイン COCOLO R
福島1
福島
JR東西線
出入橋出口
NTTテレパーク
堂島第1ビル
紀陽 Ω
H エルセラーン
Ωみずほ
ANAクラウン

R あやむ屋
P.39
浄正橋
堂島3
堂島入口

新福島駅
浄正橋駅
上天神
堂島
クロスウォーク
DOJIMA RIVER FORUM
田蓑橋北詰
中之島JCT
渡辺橋北詰
渡辺橋駅
渡辺橋南詰 中之島通
京阪中之島線
大江

花くじら 本店 R
P.39
福島区
上天神南
田蓑橋南詰
渡辺橋
中之島フェスティバルタワー

この地図に記載されている主な情報：

- ◎新大阪駅
- 東海道本線 JR京都線
- 原光寺 P.104
- P.104 カヤカフェ C
- ◎ もなか珈琲 P.105
- ◎ 珈琲舎・書肆アラビク/Luft P.105
- 本庄西1
- 本庄中通
- 中崎2北
- 行岡病院 ⊞
- 中崎1
- 地下鉄中崎町駅
- ◎ 蜜香屋 中崎町本店 P.105
- 天五中崎通商店街
- 中崎町駅
- 中崎1
- ◎ ナベル
- 大阪環状線
- 淡路駅
- 天神橋6
- 天神橋6
- 六丁目駅筋
- 天神橋筋六丁目駅
- 菅栄町西
- ★ 大阪くらしの今昔館 P.101
- R 奴寿司総本店 P.103
- ⊗菅北小
- 浮田1
- 天神橋5
- R すし政 中店 P.102
- R うまい屋 P.128
- S 天神橋筋商店街 P.100
- 天神橋5
- R 墨国回転鶏料理 天満本店 P.103
- ぷららてんま
- ★ ぷららてんま天満市場 P.101
- R 千草 P.133
- 長柄
- 都島駅
- 守口JCT
- 12阪神高速守口線
- 京橋駅
- 都通
- 北野病院 ⊞
- 中津1
- 北区役所 ○
- 北区
- 関西テレビ・キッズプラザ大阪
- 扇町小 ⊗
- 天満駅
- 山西福祉記念会館 H
- カプセルイン大阪
- 喜多八 H
- 阪急東通商店街
- 東急REI H
- KKR H
- 太寺町
- 天満中 ⊗
- 扇町公園
- 扇町入口
- 扇町駅
- 扇町
- 神山
- 扇町通
- 大阪協栄
- 野崎公園
- 扇町出口
- 寺町通り
- 天神橋筋商店街
- 与力町公園
- 丸一 H
- 天神橋筋
- R&B H
- 東横イン H
- 南森町出口
- 南森町駅
- りそな
- 堀川小 ⊗
- 天満橋駅
- 地下鉄谷町線
- 西天満
- JR東西線
- 西天満4北
- 地下鉄堺筋線
- 堀川橋東詰
- 南森町
- 曽根崎通
- 大阪天満宮駅
- 堀川町
- 西天満
- イルグランデ梅田 H
- 堀川橋西詰
- 南森町入口
- 南森町
- 堀川戎前
- 西天満3
- 西天満小 ⊗
- 梅新南
- ★ 天満天神繁昌亭 P.101
- 工橋
- 12阪神高速守口線
- 卍 大阪天満宮 P.101/P.117
- 裁判所
- 天満署前
- 天神橋筋商店街
- 大江橋北詰
- 阪神高速1号環状線
- 大江橋 P.97
- ★ 水晶橋 P.97
- 水晶橋南詰
- 菅原町西
- 菅原町
- P.6-7
- ◎大阪市役所
- 西天満1東
- 北浜出口
- 滝川公園
- 滝川公園

D   E   F

福島区

玉江橋北詰
福島2

大阪中之島美術館 ★ P.25

国立国際美術館 ★ P.96

大阪市立科学館 ★ P.96/P.116

田養橋南詰

田養橋　渡辺橋駅

★ ダイビル 本館 P.96
中之島入口

市立科学館前

中之島フェスティバルタワー

肥後橋北詰
錦橋
肥後橋
肥後橋
肥後橋

H リーガプレイス　三井住友
肥後橋駅

土佐堀通

淀屋橋OC

玉江橋南詰

中之島通
京阪
中之島線
中之島4

NTT土佐堀ビル●

C graf P.96

H リーガロイヤル

常安橋北詰 ⊗

S ライフ

大阪国際会議場 ●

堂島大橋

⊕ 住友病院

堂島大橋

土佐堀川

玉川駅

中之島西出口

土佐堀橋北詰

土佐堀1

土佐堀1東

土佐堀1

P.121 HAJIME R
⊗ 西船場小

P.25
voco大阪セントラル H
西船場公園

京町堀1

地下鉄四つ橋線

江戸1

大阪ガス

1

御霊神社 ⊞ P.117

土佐堀出口

ユ二

土佐堀2

土佐堀2

大阪シティ信金

土佐堀通

花乃井中 ⊗

花乃井公園

京町堀2

西区

京町堀1西

京町堀1

大阪科学技術センター ●

京町堀1

★ 靭公園 P.95

阪神高速1号環状線

西本願寺津村別院
(北御堂)

靭公園前

京町堀2

靭テニスセンター ●

大阪伊丹線

靭交番前

靭本町1

三井ビル ●

信濃橋

本町
駅

アパ
柏大

あみだ池筋

中国総領事館 ●

H サンライフ

岡崎橋

シティルート H

本町通

靭本町1

172

41

信濃橋入口

本町駅

信濃橋出口

西船場JCT

靭本町3

阿波座駅

岡崎橋

ニューオリエンタル H

阿波座1

阿波座出入口

九条駅

阪神高速3号神戸線

三井住友 ⊗

阪神高速16号大阪港線
⊗ りそな

阿波座1

中央大通

地下鉄中央線

東本願寺難波別院
(南御堂) 卍

四つ橋筋

北大
北久宝寺

⊗ 明治小

新なにわ筋

3

立売堀3南

立売堀3

立売堀1西

立売堀2

立売堀

南久宝寺

29

ドーム前千代崎駅

西区役所

西長堀

新町中 西長堀出入口

新町3南

鰹座橋北

トラットリア・パッパ R
P.125

41

なにわ筋

三井住友 ⊗

新町1南

新町南

阪神高速1号環状線

心斎橋・堀江 P.14-15

四ツ橋

1

心斎橋駅

西長堀駅

地下鉄長堀鶴見緑地線

西大橋

西大橋駅

西大橋

長堀通

長堀通

◎大阪市役所

北区

屋橋北詰

橋

北区

梅田木町

淀屋橋駅

北浜2

難波橋北詰

なにわ橋駅

難波橋 ★
P.97

★ 中之島公園 P.95

P.4-5

北浜1

京阪中之島線

京阪本線

大川(旧淀川)

北新地・中之島 P.12-13

北浜1南

新井ビル

今橋1

開平小

京阪中之島線

土佐堀通

天神橋

天満橋駅

京橋駅

P.98 五感 北浜本館 C

H 三井ガーデン淀屋橋

アバヴィラ R L'orma attiva
P.125

北浜駅

高麗橋

The Kitahama
PLAZA

高麗橋入口

川の駅はちけんや

大阪ダックツアー ★
P.113

道修町1

ブライトン
シティ

東横堀川緑地

中央区

H 東横イン
北陸

湯木
美術館

三菱UFJ

平野町1

淡路町1

堺筋

H マイステイズ

内平野町

内平野町2

大手通2

宮崎

瓦町1

地下鉄堺筋線

C ドトール

中大江小

中大江
公園

ヴィアーレ大阪 H
鹿児島

りそな

備後町1

安土町1

第四

マイドーム
おおさか

H シティプラザ

マイステイズ H

みずほ

本町2

本町1

本町

池田泉州

本町1

内本町2

内本町1

本町通

東署

R Fujiya 1935 P.123

セント レジス
ホテル大阪

四国

堺筋本町駅

船場中央1

船場中央2

本町通

東船場JCT

内本町2

H スーパー

中央3

13 阪神高速13号東大阪線

中央大通

久太郎町2

船場中央1

堺筋本町駅

地下鉄中央線

13

森ノ宮駅

久太郎町1

中央区役所 ◎

農人橋

H 東横イン

S ライフ

内久宝寺町

H 東横イン

南久宝寺町2

南久宝寺町1

内久宝寺町4

松屋
町筋

南大江公園

H チサンイン

R 京ちゃばな 南船場店 P.135

久宝寺橋

長堀入口

阪神高速1号環状線

R うさみ亭マツバヤ P.138

堺筋

みずほ

第三

P.141
C Ek Chuah
からほり「蔵」本店

ドラスティ H

ネスト心斎橋

308

長堀橋駅

長堀橋

P.8-9

地下鉄長堀鶴見緑地線

松屋町駅

長堀通

玉造駅

心斎橋

⊣ A ▽ B ▽ C

土佐稲荷神社

西長堀駅

中央図書館

P.6-7

西大橋駅 長堀通

四ツ橋

心斎橋

1 阪神高速環状線

1

大阪商工

白髪橋

堀江小

西区

四ツ橋駅

四つ橋入口

日航

心斎

ル・ピノー北堀江本店 C
P.140

西橋

御堂筋

あみだ池

北堀江2

大同

御堂筋

御堂筋

中央図書館前

あみだ池

堀江

北堀江

四つ橋筋

ハートン心斎橋

御堂筋

地下鉄千日前線

高台橋公園

北堀江2

四ツ橋ランプ西

あみだ池筋

S オレンジストリート
P.79

地下鉄四つ橋線

南堀江3西

南堀江3

西道頓堀橋北

P.81 ピサヌローク S

関西 S

Pâtisserie Chocolaterie Ordinaire C
P.140

道頓堀川

心斎橋・堀江 P.14-15

ドーム前駅

りそな

幸町1

湊町船着場

湊町入口

桜川駅

桜川2

桜川駅

幸町1

幸町1

湊町リバープレイス

2

地下鉄桜川

阪神なんば線

湊町出口

湊町PA

食品館 S

汐見橋駅

汐見橋入口

なにわ筋

湊町西

JR難波駅前

なんば駅
大阪難波駅

15

浪速区

大阪シティ
エアターミナルビル
(OCAT)

湊町南

新なにわ筋

阪神高速15号堺線

湊町出口

H モントレ
グラスミア
大阪

なんば駅

1

南海高野線（汐見橋線）

JR難波駅

西九条駅

大阪伊丹線

湊町南出路西

難波元町小

3

立葉

難波中前

稲荷

難波中

立葉

あみだ池筋

浪速公園前

浪速公園

元町2

難波中

なんば・道頓堀 P.16-17

元町2

エディ
アリ

芦原出口

芦原町駅

塩草立葉小

大阪環状線

関西本線・大和路線

塩草

浪速
区役所 C

なんば

塩草

地下鉄御堂筋線

地下鉄四つ橋線

ミナミ

みなみ

周辺図 P.2-3

0   100   200m

1:12,000

N

塩草2

鴎町公園

芦原橋駅

栄小

今宮駅、天王寺駅

今宮駅、天王寺駅

敷津

大国町駅

天王寺駅

浪速
区役所C

木津卸売市

A △ B △ C

梅田
うめだ

周辺図 P.4-5

0　50　100m
1:5,000

中津南公園

新梅田シティ

R スカイラウンジ スターダスト P.60
★ 梅田スカイビル 空中庭園展望台 P.58

新梅田シティ前

H ウェスティン

ファミリーマート S

新梅田シティ南

大淀南公園東

P.24 グラングリーン大阪 ★

ヴィスキオ

P.36 グランフロント大阪北館 ★
P.36 MAMMA PARMA R
P.36 CHEESE KITCHEN RACLER R
P.37 BAK R
P.127 muse umekita R
P.37 しらすくじら R
インターコンチネンタルホテル大阪 H

P.38 心斎橋 にし家 グランフロント大阪店 R
P.38 オモニ R
P.126 Italian Bar PIENO festa R
P.38 TEA ROOM KIKI 紅茶&スコーン専門店 C
P.38 グランフロント大阪南館 ★

うめきた広場

P.35 梅田 蔦屋書店 S
P.35 中川政七商店 S
P.35 MARUSANKAKUSHIKAKU S

大阪駅
（地下ホーム）

P.34 LUCUA 1100 SC
ノースゲートビルディン

梅田ランプ東

梅田日通北

大阪紙工業

福島(6)

梅田(三)

梅田(3)

梅田
出入口

梅田ランプ西

阪神高速11号池田線
東海道本線(JR神戸線)
大阪環状線

大阪ステーションシティ ★
P.32/P.59

駅レンタカー　P.33 エキマルシェ大阪 ★

大阪モード学園

H モントレ
オーサカガーデンシティ
ダイビル

6-36

H バートン西梅田

6-48　6-57

6-40　6-46

6-47　梅田2

福島駅

C-1

6-77

ヒルトンプラザ
ウエスト

ハービス
ENT
大阪四季劇場　梅田(2)

ファミリーマート

福島駅

区 中津駅 中津駅 阪急神戸線 阪急宝塚線 阪急京都線 新大阪駅 JR東海道本線京都線
西善寺 下鉄御堂筋線 地下鉄御堂筋線 SC NU 茶屋町 P.27 梅田センタービル ローソン S
ウインズ・ ファミリーマート S
アーストキッチン R SC 阪急三番街 S ローソン ローソン S 天満駅
ミリーマート 大阪梅田駅 H-1 S ユニクロ 423
芝田1 阪急ターミナルビル H-8
3-6 R ねぎ焼 やまもと
LINKS UMEDA P.28 新阪急 H 阪急三番街 梅田エスト店 P.134
★ オイシイもの横丁 P.28 梅田オーロ SC EST 大阪環状線
R 神戸牛すてーき Ishida P.29 三菱UFJ H-16 R OSAKAたこ焼 R 蛸之徹 角田店 中崎町駅
R ODD P.28 3-19 3-27 3-31 マーケット P.25 P.130 堂山町
R おばんざい酒場 和み P.29 3-9 R はなだこ P.129 P.59 セブンイレブン S
3-1 R 松葉総本店 P.137 5-68 ★ HEP FIVE 堂山町
S 注染手ぬぐい にじゆら P.34 新梅田食道街 5-66 H-30 R OSAKAたこ焼
R 桃太郎 梅田ルクア店 P.133 5-64 阪急32番街 H-32 マーケット P.27 ラウンドワン
御堂筋北口 阪急 HEP NAVIO
LUCUA P.34 グランドビル H-41 H-40 OSビル お好み焼 つる家 P.133
5-42 H-43 SC 阪急うめだ本店 J-3 J-2 M-1 M-5 R
JR大阪駅 5-38 J-4 R 美舟 P.132
R 炭火焼グリル カキヤス P.32 大阪駅前 H-49 H-52 大阪富国 7-66 7-72 M-9 R 串かつ 赤とんぼ P.137
S ショコラテリア・カフェ H-51 生命ビル 7-58
カカオサンパカ P.32 阪急東 7-75 M-13 新御堂筋
S りくろーおじさんの店 P.33 i ★ ホワイティうめだ P.30 曽根崎東
S ウメダチーズラボ P.33 H-58 M-9 423
S MADAME SHINCO 大丸梅田店 P.146 阪神前 H-60 ★ NOMOKA P.30
SC 大丸梅田店 曽根崎(2)
P.32 R 天ぷら大吉 P.30
D-14 R 串とピッツァ ミアスタンド P.31
ゲート R 大衆飲み処 徳田酒店 P.31
ディング 8-21 R たこ八 梅地下店 P.129
P.27 F-34 R ヨネヤ 梅田本店 P.137
大阪前 D-20 SC 阪神梅田本店 8-19
D-21 D-22 8-10 8-17 H-80 S 曽根崎市場
D-23 D-24 D-28 8-5 F-40 梅田駅 H-82
鉄線 イーマ H H 梅田OS
ヒルトンプラザ・ E-2 ファミリーマート
イースト 大阪第一生命 駅前南 F-51
ニルトン ビル D-31 E-8 F-54
30 梅田(1) 梅田DTタワー F-62 地下鉄谷町線
梅田マルビル H みずほ
第一 D-39 梅田DTタワー R 阪神タイガースショップ P.118
ディアモール大阪 P.27 D-41 S 点天 阪神梅田本店 P.146 大阪駅前第4ビル
D-44 E-13 お初天神
P.142 梅田1 (露天神社)
ゴラ喫茶店 C D-49 D-50 P.110/P.117
大阪駅前第1ビル D-51 D-52 大阪駅前 10-21 F-70
2ビル E-25 E-26
大阪駅前第3ビル P.12-13

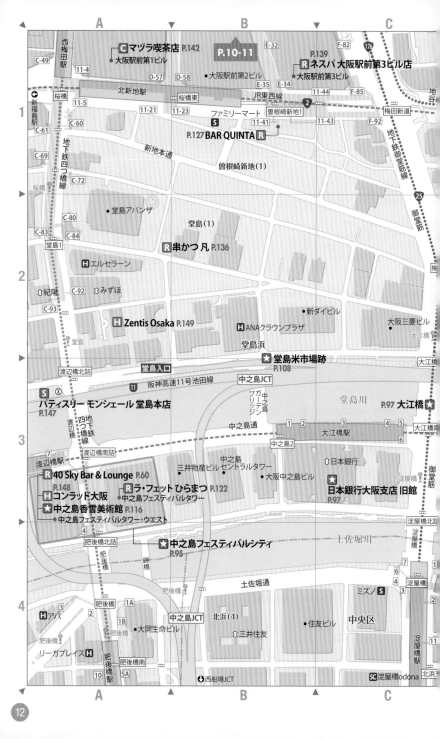

P.10-11

C マヅラ喫茶店 P.142
• 大阪駅前第1ビル

R ネスパ 大阪駅前第3ビル店 P.139
• 大阪駅前第3ビル

C-49
11-4
D-57 D-58
E-32
F-82
176
C-61
C-60
11-5
11-21 11-23
北新地駅
桜橋東
JR東西線
曽根崎新地1
11-44
F-85
梅田新道
11-41
11-43
F-92
• 大阪駅前第2ビル
E-35 E-34

桜橋
西梅田駅
新福島駅
地下鉄四つ橋線

ファミリーマート
S

P.127 BAR QUINTA R

C-69
新地本通
曽根崎新地(1)

桜橋
C-72

C-80
• 堂島アバンザ
堂島(1)

C-83 C-84
堂島1

R 串かつ 凡 P.136

H エルセラーン

Ω 紀陽
C-92
みずほ

C-93

H Zentis Osaka P.149

H ANAクラウンプラザ
• 新ダイビル
大阪三菱ビル

堂島浜

★ 堂島米市場跡 P.108

堂島入口

堂島川
P.97 大江橋 ★

渡辺橋北詰
阪神高速11号池田線
中之島JCT

S ⊗
パティスリー モンシェール 堂島本店
P.147

四つ橋線
地下鉄
渡辺橋
渡辺橋南詰
中之島ガーデンブリッジ

中之島通
1 2
3
4 5
大江橋駅
6
大江橋南

中之島2
中之島JCT

R 40 Sky Bar & Lounge P.60

P.148
H コンラッド大阪
R ラ・フェット ひらまつ P.122
中之島フェスティバルタワー

★ 中之島香雪美術館 P.116
中之島フェスティバルタワー・ウエスト

三井物産ビルセントラルタワー
• 大阪中之島ビル
Ω 日本銀行

★ 日本銀行大阪支店 旧館
P.97

淀屋橋北詰

★ 中之島フェスティバルシティ
P.95

肥後橋北詰
肥後橋

土佐堀川

淀屋橋
7
6
1
4
3
2

土佐堀通

肥後橋
1A

H アパ
2
1B
大同生命ビル

中之島JCT

北浜(4)

ミズノ S

住友ビル

中央区

リーガプレイス H
肥後橋南
肥後橋駅
10
5A

Ω 三井住友

• 住友ビル

淀屋橋駅
北浜3

⬇ 西船場JCT

SC 淀屋橋odona

R French Hana P.124
ローソン S
ファミリーマート S

地下鉄谷町線
曽根崎通
西天満東 →

新御堂筋
梅新東
西天満4北
JR東西線
西天満

大阪天満宮駅

ミスタードーナツ R
西天満 (3)

西天満 (4)
北区
セブンイレブン S
R チャイニーズレストラン 三好 P.118
西天満小
西天満 3

西天満 (2)
裁判所
堂島関電ビル
西天満3南

西天満3

阪神高速1号環状線
×天満署
天満署前
R 水晶橋 P.97
水晶橋南詰
京阪中之島線
大阪弁護士会館
西天満1中
西天満 (1)
北浜出口
西天満1東

◎ 大阪市役所
府立中之島図書館 ★ P.97
R NAKANOSHIMA SOCIAL EAT AWAKE P.99
★ 大阪市中央公会堂 P.96
中央公会堂前
★ 大阪市立東洋陶磁美術館 P.97
難波橋北詰
天神橋JCT

なにわ橋駅
GARB weeks R P.99
★ 難波橋 P.97
中之島公園 ★ P.95
C NORTHSHORE P.98

バス淀屋橋港
梅檀木橋
地下鉄堺筋線
14B
淀屋橋駅
淀屋橋
北浜2
京阪本線
22   23
26
C 北浜レトロ P.95
北浜レトロビルヂング
15
16 17   18
19   20
21   24
北浜1
27
ファミリーマート S
★ 適塾 P.109
PONTE VECCHIO R P.120
北浜駅
25
28
★ P.97 大阪取引所

心斎橋・堀江
しんさいばし・ほりえ

周辺図 P.6-7/P.8-9

0　50　100m
1:5,000
N

本町駅

新町

四ツ橋

ボルボ●

阪神高速1号環状線

1-A

1
2

西大橋駅

1-B

1

北13

北12

1

ドーム前千代崎駅

西大橋

地下鉄長堀鶴見緑地線

1

四ツ橋

四ツ橋

S ミニストップ

長堀通

南17

南16

ファミリーマート S

4

H 東横イン

4

P.81 シャムア S

サロン・ド・モンシェール本店
～心斎橋～ P.14

3

なにわ筋

P.80 ELK OSAKA C

西区

四ツ橋駅

S ロー

41

四つ橋入口

H 西鉄イン

P.147
和かろん専門店 和果
S

大同

S アディダス

北堀江(1)

6

ハナホステル H

S ファミリーマート

北堀江

5

P.131
だいげん アメリカ祖 R

すき家 R

R 松屋

P.79 元祖
アイスドッグ
S

堀江

四つ橋ランプ西

北堀江2

甲賀流 本店 R
P.130

堀江公園

地下鉄四つ橋線

●三角公園
⊗

南堀江(1)

ライオンズロック H

鶴澤 H

アメリ

卍 萬福寺

大阪南堀江局

P.79
Poppin Sweeties S

H 関西みらい

ドーミーイン H

ニト

西道頓堀橋北

COLONY by EQI C
P.144

4

⊕ 大野記念病院

H 大

S セブンイレブン

S ファミリー
マート

西道頓堀川

道頓堀川

住吉橋

S ファミリーマート

P.143 珈琲艇 CABIN C

アパ

浮庭橋

なんば駅

深里橋

⊕ 湊町JCT

14

■ セブンイレブン

🚇本町駅 Ω三井住友

南船場3

南船場

ROLEX S

S ジョルジオ・アルマーニ

S オメガ

H トラスティ

S ファミリーマート

南船場(2)

新橋北

S カルティエ

H アイビーシティ

1

橋駅

北11 ③

STEP S

北8

GAP S

出光ビル•

北7 北6

308

• 新家工業

北5 長堀通 北4 北3

長堀橋駅→

佐野屋筋

新橋

2

心斎橋 SC クリスタ長堀

三休橋

◀

南14 南13

南12 中9 中8

心斎橋 南9

南8 南7

308

三休橋

南6 南5 南3

サンプレイン H

西心斎橋(1)

南10

S セブンイレブン

長堀

S H&M S ユニクロ

心斎橋駅

御堂筋鰻谷

SC 心斎橋PARCO P.79

東心斎橋(1)

2

H 日航

S 東急ハンズ

心斎橋筋

S ファミリーマート

S ファミリーマート

アイン

心斎橋筋1

4A

5

御堂筋大丸前

4B

6

⊗ 南小

ステイズ

SC 心斎橋オーパ

SC 大丸 心斎橋店 P.79

たわらや H

御堂筋清水町

R 明治軒 P.139

◀

ン心斎橋 H

プーマ

斎橋BIGSTEP

御堂筋

SC 大丸
南館

S 心斎橋筋
商店街 P.79

中央区

アップルストア

R マクドナルド

S ナイキ

コンフォート H

3

三菱UFJ

御堂筋周防町

S バーバリー

幸せのパンケーキ
心斎橋店 P.80

S BOSS

津〒

〒十八

S プラダ

東心斎橋(2)

御堂筋八幡町

KBビル•

地
下
鉄
御
堂
筋
線

卍三津寺

大阪センタービル

4

道頓堀川

P.80
TABLES CAFE

宗右衛門町

Iビル スタイルズ
H

C H クロス

ストラン北極星
斎橋本店
⑨

橋北詰

P.16-17

宗右衛門町通り

ホリデイ・イン H R 食道園

なんば駅🚇

ドン・キホーテ S

⊗

キャナルテラス
P.143
珈琲艇 CABIN C
深里橋
湊町JCT
大黒橋

とんぼりリバーウォー P.65
P.68
かに道楽
道頓堀本店 R H&M S
ファ
P.64 戎橋 ★

道頓堀橋北詰 S
ドン・キホーテ
新戎橋
道頓堀橋

P.68 たこ家 道頓堀くくる本店 R ⊗

湊町入口
なんばHatch
湊町リバープレイス
26-D
湊町PA
26-C
26-B
26-A

ニュージャパン・

道頓堀橋南詰 ファミリーマート
P.73 はり重グリル R
松竹座

道頓堀
商戎店
店橋街筋 S

1

P.135 ぼてちゅう本店® 道頓堀 R
味乃屋 R
P.135 P.137 二色 R
道頓堀くくるコナモンミュージ
15B 戎橋筋
namBa HIPS 15A

御堂筋

JR難波駅前
桜川駅
27
B4 B6 B8
臨橋 なんば駅
大阪難波駅 22
難波

16 S なんばウォ
17 P.71 B10 B12 B14
B13 B15
18 B11 551蓬
19 なんば
ウォー
20 P.146
マクドナルド R
難波セン

湊町南
30
29
28
B3 B5 B7 B9 21
13
12

モントレグラスミア大阪 H
なんば駅

阪神高速1号環状線

1

TOHOシネマズ
なんば
なんばマルイ SC
E11 E1 E3
2
E2 E M
4 E10 E4

ファミリーマート S
32
31
たつ美 H
元町中
公園
⊗難波元町小

難波3
11
難波(3)
10

なんば

難波西口
三井住友
P.71
髙島屋大阪店 SC

浪速区

7
8
6 5
9

ファミリーマート
難波中1 S ファミリーマート S スイスホテル南海大阪 H
エスプレッソ H
イルクオーレ
なんば H
なんばCITY SC

地下鉄四つ橋線

グランパス H 新なんば H
フレイザー
レジデンス H
難波中

元町2
ファミリーマート S
元町2
ダイコク S
朝日生命
ナンバビル
ファミリーマート S
P.144
パンケーキ&ブックス ビブリオテーク C
エディオンアリーナ
大阪
王将 P.71 なんばパークス S
難波中
ウインズ難波
パークフ

住之江公園駅 動物園前駅

なんば・道頓堀
なんば・どうとんぼり

周辺図 P.8-9

0　　　50　　　100m
1:5,000

たこ焼道場 くくる匠 P.68

P.128
あっちち本舗 道頓堀店

なにわ名物 いちびり庵 P.69/P.147

リトル大阪 ぐりこ・や
道頓堀店 P.69

宗右衛門町通り

安井道頓碑

日本橋北詰

道頓堀川

かに道楽 R

太左衛門橋

道頓堀 今井 P.138

本家大たこ ●ウインズ P.129

お好み焼 美津の P.133

純喫茶
アメリカン P.142

相合橋筋

日本橋

H 相鉄

大阪千日前局

セブンイレブン S

法善寺横丁 誠太郎

夫婦善哉 P.67

ビジネスイン千日前

松屋 R

善寺 浅草 P.66

●ラウンドワン

丸福珈琲店 P.143

国立文楽劇場 ★
P.75/P.110

地下鉄
日前線

B20 B22 B24

B26

B28

B30

●M'Sビル

3　2

6 S ファミリーマート

日本橋1

日本橋1

7

千日前通

B23

B25

B27

波線

B19

B21

メラ S

H アムザ

大阪千日前
中央郵便局

千日前中央通

ル・ポテジュール

B29

難波千日前

4

日本橋駅

近鉄日本橋駅

日本橋駅

10

大阪商工

9　8

萬彩 S
P.76

大阪上本町・鶴橋駅

由軒 P.73

重亭 P.73

R マクドナルド

千
日
前

日本橋（一）

日本橋（二）

TOHO
マズ別館

H なんばオリエンタル

味園ビル ●

ローソン S

黒門 浜藤
P.72

R

S ダイワ果園 P.77

P.134千日前はつせ

R

黒門市場

発道楽わなか
千日前本店 R
P.129

H ナンバプラザ

日本橋2

★ 黒門市場 P.76

SWINGヨシモト

なんば
グランド花月 P.75

燻製工房 jammy
P.74

R

高木水産
P.76

高津（3）

B48劇場 ★

P.75

R

ファミリー
マート S

まぐろや黒銀 P.77

NAMBAビル●

無印良品

H ニッセイ

堺筋

P.77

前道具屋筋 ★

S Aプライス

黒門公園

P.74

ンドあじと

ゑびすや金物店 P.77

♨ 大阪厚生

地
下
鉄
堺
筋
線

♨ 大阪協栄

中央区

日本橋3

日本橋3

S ローソン

なんさん通り

R

東京チカラめし

菊栄 H

S ローソン

⊗ 日本橋小

P.77 日本橋オタロード ★

とらのあな

S

日本橋公園

南
海
高
野
本
線

南
海
本
線

●新今宮駅

動物園前駅

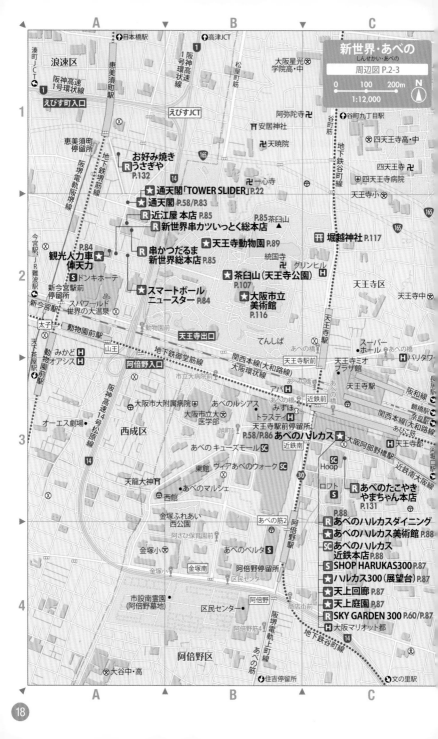

浪速区

日本橋駅

高津JCT

大阪星光
学院高・中

阪神高速
1号環状線

えびす町入口

えびす町
停留所

恵美須町駅

松屋町筋

阿弥陀池卍

谷町九丁目駅

えびすJCT

安居神社

天晴院卍

四天王寺高・中

地下鉄谷町線

四天王寺卍

四天王寺病院

★ お好み焼き
R うさぎや P.132

一心寺卍

天王寺小

★ 通天閣「TOWER SLIDER」P.22

★ 通天閣 P.58/P.83

R 近江屋 本店 P.85

P.85 茶臼山
茶臼山 ▲

R 新世界串カツいっとく総本店

★ 天王寺動物園 P.89

统国寺
卍

円 堀越神社 P.117

R 串かつだるま
新世界総本店 P.85

今宮駅/JR難波駅

★ 観光人力車 P.84
俥天力

S ドンキホーテ

新今宮駅前
停留所

スパワールド
世界の大温泉

★ スマートボール
ニュースター P.84

グリンヒル
H

★ 茶臼山(天王寺公園)
P.107

H

天王寺区

天王寺駅

天王寺中

★ 大阪市立
美術館
P.116

スーパー
ホール

あべの橋

天王寺ミオ
プラザ館

H ハルワタ

太子

動物園前駅

山王

動物園口

天王寺出口

てんしば

あべの橋

天王寺駅前

天王寺駅

天下茶屋駅前

動みかど
物オアシス H

地下鉄御堂筋線

関西本線(大和路線)
大阪環状線

天王寺駅前停留所

阪和線

鶴橋線

阿倍野入口

市立大病院前

あべの橋

近鉄前

関西本線(大和路線)

西成区

オーエス劇場・松原線

阪神高速14号

大阪市大附属病院

大阪市立大
医学部

あべのルシアス

みずほ
トラスティ H

天王寺駅前停留所
P.58/P.86 ★ あべのハルカス

大阪阿部野橋駅

H 天王寺都

あべのキューズモール SC

旭町北

近鉄南

近鉄南天大阪線

天龍大神卍

東館 ヴィアあべのウォーク SC

あべのマルシェ

西館

SC
Hoop

R あべのたこやき
やまちゃん本店
P.131

金塚ふれあい
西公園

阿さび保育園前

あべのベルタ S

あべの筋2

阿倍
野駅

ロフト
S

P.88
R あべのハルカスダイニング

★ あべのハルカス美術館 P.88

金塚小

阿倍野停留所

SC あべのハルカス
近鉄本店 P.88

S SHOP HARUKAS300 P.87

★ ハルカス300(展望台) P.87

金塚南

阿倍野

区民センター

市設南霊園
(阿倍野墓地)

区民センター

阿倍野

阪堺電軌上町線

あべの筋

★ 天上回廊 P.87

★ 天上庭園 P.87

R SKY GARDEN 300 P.60/P.87

H 大阪マリオット都

商店街

地下鉄谷町線

阿倍野区

大谷中・高

住吉停留所

あべの筋

文の里駅

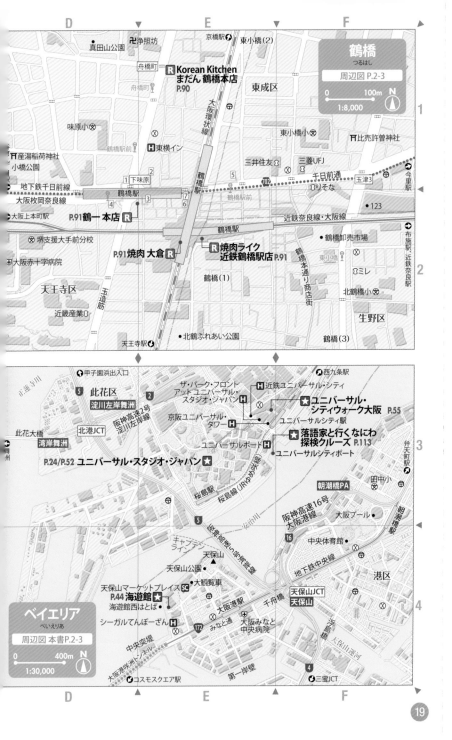

とりはずして使える

MAP

付録 街歩き地図

大阪

おとな旅
プレミアム
PREMIUM

JN027097

TAC出版
TAC PUBLISHING G

許可なく転載、複製することを禁じます

切り取り線

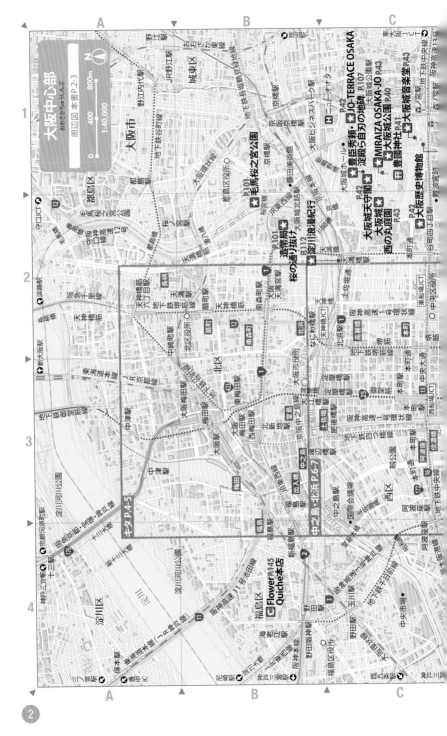

MAP

大阪

大阪

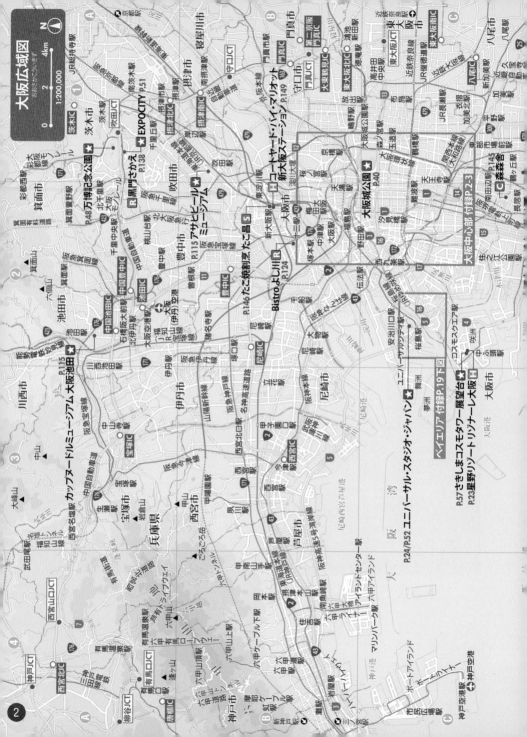

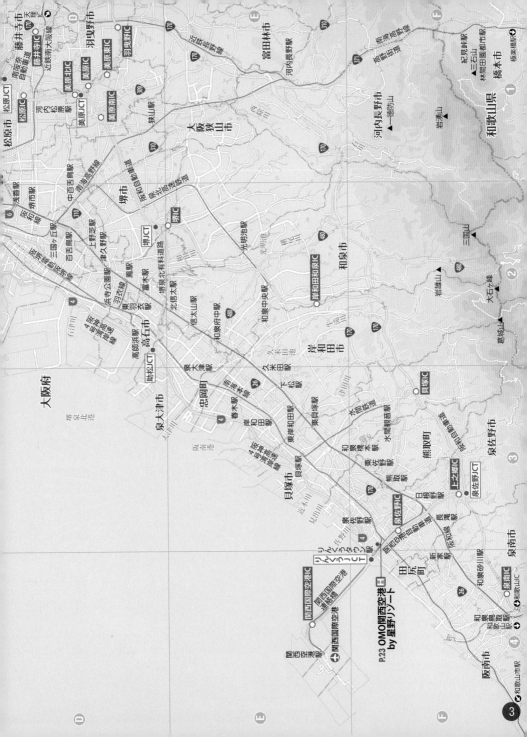

あなただけの
プレミアムな
おとな旅へ！
ようこそ！

大阪への旅

へこたれない精神で蘇る街
明日の元気をもらいに行く

大阪は戦国期から激動の街。
浮沈が激しいが立ち直りは早い。
『世間胸算用』や『日本永代蔵』
で井原西鶴が著した旺盛な経済
感覚と、浄瑠璃で近松門左衛門
がヒットさせた人情との相克。
ともに元禄の上方で咲いた大輪
の文化で、商都の合理主義と、
一方相反する人情という非合理。
どちらも驚くほど激しくて濃いが、
混沌としつつもバランスをとる。
それこそが大阪の魅力。道頓堀
から心斎橋筋へ。繁華街から高
層ビルへ。わくわくしてくる。

GOURMET

名物の串カツは
こだわりの食材と
おしゃれさか
イマドキ

串とピッツァ ミアスタンド
➡ P.31

SIGHTSEEING

通天閣 ➡ P.83

街のシンボル
通天閣を中心に
賑わう新世界は
大阪らしさ満載

さきしまコスモタワー
展望台からはベイエリ
アを一望できる
◆◆◆

水の都を体感する
街巡りを楽しむ

難波の街を流れる道頓堀を
クルーズ船から眺める

GOURMET

高層ビルの
33階から梅田の
街を眺め、お酒を
楽しむ

The 33 Tea & Bar Terrace
➡ P.60

GOURMET

大阪を
訪れたら絶対
食べたい本場の
たこ焼

たこ焼道楽わなか 千日前本店
➡ P.129

幻想的な雰囲気が続く
御堂筋のイルミネーション

賑わいの街が魅せる
幻想空間に酔いしれる

都会の中心にそびえる
歴史と威厳を抱く城郭

新緑に匂われる大阪城や
堀を眺めながら入園で憩う

SHOP

自然素材に
トレンドと自由な
発想をプラスした
バウムクーヘン

MADAME SHINCO 大丸梅田店
➡ P.146

SIGHTSEEING

西日本最大の
ターミナル駅。
大型商業施設に
直結している

大阪ステーションシティ
➡ P.32

法善寺横丁

しっぽりと夜を過ごす
通な大人が集まる横丁

静かななにわ情緒漂う
玄人の隠れ家を探して

おとな旅プレミアム 大阪
PREMIUM

CONTENTS

特集

歩く・観る

食べる

買う

泊まる

アクセスと市内交通

本書のご利用にあたって

● 本書中のデータは2023年12月〜2024年1月現在のものです。料金、営業時間、休業日、メニューや商品の内容などが、諸事情により変更される場合がありますので、事前にご確認ください。

● 本書に紹介したショップ、レストランなどとの個人的なトラブルに関しましては、当社では一切の責任を負いかねますので、あらかじめご了承ください。

● 営業時間、開館時間は実際に利用できる時間を示しています。ラストオーダー(LO)や最終入館の時間が決められている場合は別途表示してあります。

● 営業時間等、変更する場合がありますので、ご利用の際は公式HPなどで事前にご確認ください。

● 休業日に関しては、基本的に定休日のみを記載しており、特に記載のない場合でも年末年始、ゴールデンウィーク、夏期、旧盆、保安点検日などに休業することがあります。

● 料金は消費税込みの料金を示していますが、変更する場合がありますのでご注意ください。また、入館料などについて特記のない場合は大人料金を示しています。

● レストランの予算は利用の際の目安の料金としてご利用ください。Bが朝食、Lがランチ、Dがディナーを示しています。

● 宿泊料金に関しては、「1泊2食付」「1泊朝食付」「素泊まり」は特記のない場合1室2名で宿泊したときの1名分の料金です。曜日や季節によって異なることがありますので、ご注意ください。

● 交通表記における所要時間、最寄り駅からの所要時間は目安としてご利用ください。

● 駐車場は当該施設の専用駐車場の有無を表示しています。

● 掲載写真は取材時のもので、料理、商品などのなかにはすでに取り扱っていない場合があります。

● 予約については「要予約」(必ず予約が必要)、「望ましい」(予約をしたほうがよい)、「可」(予約ができる)、「不可」(予約ができない)と表記していますが、曜日や時間帯によって異なる場合がありますので直接ご確認ください。

● 掲載している資料および史料は、許可なく複製することを禁じます。

■ データの見方

☎ 電話番号　　　　　　　⊗ アクセス
㊟ 所在地　　　　　　　　Ⓟ 駐車場
㊟ 開館／開園／開門時間　㊟ 宿泊施設の客室数
㊟ 営業時間　　　　　　　㊟ チェックインの時間
㊟ 定休日　　　　　　　　out チェックアウトの時間
㊟ 料金

■ 地図のマーク

★ 観光・見どころ　　　Ⓗ 宿泊施設
卍 寺院　　　　　　　　ⓘ 観光案内所
神 神社　　　　　　　　♨ 温泉
† 教会　　　　　　　　♜ バス停
Ⓡ 飲食店
Ⓒ カフェ・甘味処
Ⓢ ショップ
SC ショッピングセンター

エリアと観光のポイント

大阪はこんな街です

賑わいの街・大阪は、関西最大のターミナルタウンのほか個性豊かな街揃い。
キタとミナミに分かれたエリアを把握して、旅行のプランや移動の計画を立てたい。

梅田周辺の「キタ」と、難波周辺の「ミナミ」大阪には2つの拠点がある

　大阪の主要スポットは、大阪駅・梅田駅と難波駅の2大ターミナルを中心とする「キタ」と「ミナミ」と呼ばれる2つのエリア内にある。双方をまっすぐに結ぶ幹線道路が御堂筋で、その下を走る地下鉄・御堂筋線に乗れば、ほとんどのスポットへ到達することができる。

　大阪ステーションシティやグランフロント大阪など大型商業施設が多い都会的なキタ、難波の商店街や道頓堀が代表するローカルな大阪に出会えるミナミ。異なる特色を持つ2エリアを拠点として、大阪をたっぷりと堪能しよう。

欲しいものが何でも揃う関西の巨大ターミナル

キタ　→P.26・P.92

JR大阪駅を中心とするエリア。駅周辺から中之島まで高層ビルが林立している。交通の要衝でビジネス街としての側面が強いが、百貨店や飲食店も数多い。大阪ステーションシティやグランフロント大阪など、新しいスポットも次々と生まれている。

→巨大な複合施設でもある大阪駅

| 観光のポイント | 梅田 P.26 中之島・北浜 P.94 |

→中之島周辺には歴史的な建築が数多く残っている

エネルギッシュな「食い倒れの街」を体感

ミナミ　→P.62

難波の繁華街から北は心斎橋、東は日本橋あたりまで。江戸時代から町人の街として発展した一帯で、飾らない大阪に出会える。派手な看板が並ぶ道頓堀や若者の街アメリカ村、食べ歩きが楽しい黒門市場など、場所ごとに際立った個性があるのも魅力。

→道頓堀川沿いは一大観光名所

| 観光のポイント | 道頓堀 P.64 なんば・日本橋 P.70 |

→心斎橋のように洗練されたおしゃれなスポットも

天下人の栄華と歴史を刻む
大阪城公園 ➡ P.40
おおさかじょうこうえん

緑豊かな公園内には、大坂の陣ののち徳川幕府によって築かれた石垣や堀のほか、重要文化財の櫓などの古建造物が点在する。

生命の神秘や尊さを感じる
海遊館 ➡ P.44
かいゆうかん

天保山にある日本有数の規模を誇る水族館。14の大水槽などで世界中の海の生き物に出会える。ジンベエザメが泳ぐ巨大水槽が目玉。

太陽の塔がある緑の文化公園
万博記念公園 ➡ P.48
ばんぱくきねんこうえん

大阪万博会場跡地を広大な公園として整備。EXPO'70パビリオンや大型複合施設EXPOCITYのほか、太陽の塔の内部一般公開もされている。

夢中になった映画の世界へ
ユニバーサル・スタジオ・ジャパン ➡ P.52

ハリウッド映画をモチーフとした人気テーマパーク。たくさんの名作映画の世界が再現され、たっぷり1日をあてても足りないほど。

公共交通機関で快適に
大阪の街を移動する

JRはもちろん、キタとミナミを結ぶ複数の地下鉄が
走っており、中心街の移動に活用したい。

大阪市内には、大阪環状線と呼ばれる円状に走る路線、大阪メトロと呼ばれる地下鉄、阪神・阪急などの私鉄、モノレールなど多くの公共交通機関が存在する。数ある路線を踏まえたうえで意識したいのは、梅田を中心とするキタ、なんばや天王寺を中心とするミナミの2エリアの移動があるということ。キタからミナミへは、南北に縦断する地下鉄御堂筋線に乗って簡単に移動することができる。大阪環状線は各私鉄との乗り換えにも便利な路線だ。

キタの主要駅はJR大阪駅と、地下鉄梅田駅、阪急梅田駅。この3駅は路線は異なるが、直結、または徒歩数分で移動できる。これと同様に、ミナミの主要駅である地下鉄なんば駅は、JR難波駅、南海難波駅と直結、または徒歩数分で移動できる。この距離感を押さえておけば、乗り換えもスムーズだ。

ほかにも、大阪は水の都ともいわれる。鉄道各線や道路を使うのではなく、大阪市内にゆったりと流れる川を水上バスで移動してみるのもおもしろい。
市内の交通について詳細は
➡P.154

万博記念公園
新大阪駅→万博記念公園駅
新大阪駅➡地下鉄御堂筋線14
分➡千里中央駅➡大阪モノレール5分➡万博記念公園駅

ユニバーサル・スタジオ・ジャパン
新大阪駅→ユニバーサルシティ駅
新大阪駅➡JR京都線4分➡大阪駅➡大阪環状線直通JRゆめ咲線11分➡ユニバーサルシティ駅

海遊館
新大阪駅→大阪港駅
新大阪駅➡地下鉄御堂筋線11分➡本町駅➡地下鉄中央線10分➡大阪港駅

道頓堀
新大阪駅→なんば駅
新大阪駅➡地下鉄御堂筋線15分➡なんば駅

なんば
新大阪駅→なんば駅
新大阪駅➡地下鉄御堂筋線15分➡なんば駅

日本橋
新大阪駅→日本橋駅
新大阪駅➡地下鉄御堂筋線15分➡なんば駅➡地下鉄千日前線1分➡日本橋駅

新世界
新大阪駅→新今宮駅
新大阪駅➡地下鉄御堂筋線15分➡なんば駅／南海難波駅➡南海本線2分➡新今宮駅

あべの
新大阪駅→天王寺駅
新大阪駅➡地下鉄御堂筋線22分➡天王寺駅

心斎橋・アメリカ村
新大阪駅→心斎橋駅
新大阪駅➡地下鉄御堂筋線13分➡心斎橋駅

堀江
新大阪駅→西長堀駅
新大阪駅➡地下鉄御堂筋線13分➡心斎橋駅➡地下鉄長堀鶴見緑地線3分➡西長堀駅

✈伊丹空港

山陽新幹線

JR福知山線（宝塚線）

阪急神戸線

尼崎駅

東海道本線（JR神戸線）

JR東西線

福島駅

福島駅
新福島駅

野田駅

尼崎駅　大物駅

阪神本線

野田阪神駅

野田駅　玉川駅

阪神なんば線

桜島駅

★ユニバーサル・スタジオ・ジャパン

JRゆめ咲線（桜島線）

ユニバーサルシティ駅

西九条駅

阿波座駅

九条駅

西長堀駅

桜川駅

弁天町駅

ドーム前駅

ドーム前千代崎駅

汐見橋駅

海遊館★

大阪港駅

JR大阪環状線

地下鉄中央線

大正駅

芦原橋駅

南海高野線（汐見橋線）

コスモスクエア駅

トレードセンター前駅

中ふ頭駅

ポートタウン西駅　ポートタウン東駅

南港ポートタウン線

フェリーターミナル駅

14

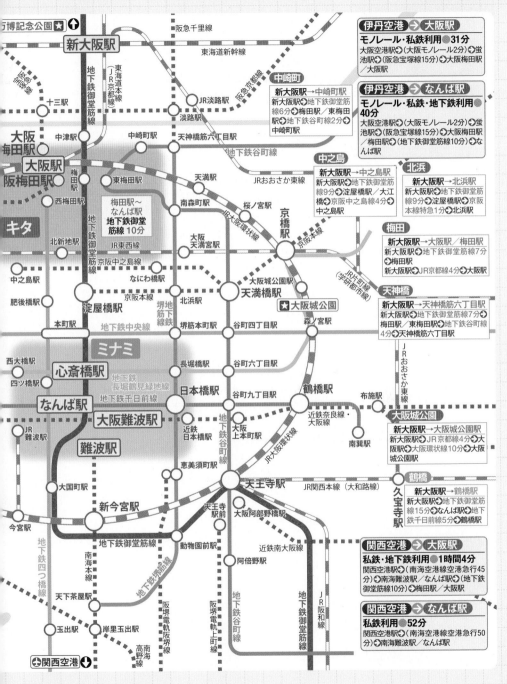

万博記念公園 ★↑

新大阪駅

阪急千里線

東海道新幹線

東海道本線
（JR京都線）

地下鉄御堂筋線

伊丹空港 ➡ 大阪駅
モノレール・私鉄利用 ● 31分
大阪空港駅➡（大阪モノレール2分）➡蛍池駅➡（阪急宝塚線15分）➡大阪梅田駅／大阪駅

伊丹空港 ➡ なんば駅
モノレール・私鉄・地下鉄利用 ● 40分
大阪空港駅➡（大阪モノレール2分）➡蛍池駅➡（阪急宝塚線15分）➡大阪梅田駅／梅田駅➡（地下鉄御堂筋線10分）➡なんば駅

十三駅

中津駅

JR淡路駅

淡路駅

中崎町駅

天神橋筋六丁目駅

地下鉄谷町線

中崎町
新大阪駅→中崎町駅
新大阪駅➡地下鉄御堂筋線6分➡梅田駅／東梅田駅➡地下鉄谷町線2分➡中崎町駅

大阪
梅田駅

大阪駅
阪梅田駅

梅田駅

東梅田駅

西梅田駅

天満駅

南森町駅

桜ノ宮駅

JRおおさか東線

京橋駅

京阪本線

中之島
新大阪駅→中之島駅
新大阪駅➡地下鉄御堂筋線9分➡淀屋橋駅➡京阪中之島線4分➡中之島駅

北浜
新大阪駅→北浜駅
新大阪駅➡地下鉄御堂筋線9分➡淀屋橋駅➡京阪本線特急1分➡北浜駅

キタ

北新地駅

大阪
天満宮駅

京阪中之島線

JR東西線

JR大阪環状線

JR片町線
（学研都市線）

梅田
新大阪駅→大阪駅／梅田駅
新大阪駅➡地下鉄御堂筋線7分➡梅田駅
新大阪駅➡JR京都線4分➡大阪駅

中之島駅

肥後橋駅

なにわ橋駅

淀屋橋駅

京阪本線

北浜駅

★大阪城公園

天神橋
新大阪駅→天神橋筋六丁目駅
新大阪駅➡地下鉄御堂筋線7分➡梅田駅／東梅田駅➡地下鉄谷町線4分➡天神橋筋六丁目駅

本町駅

地下鉄中央線

堺筋本町駅

谷町四丁目駅

天満橋駅

森ノ宮駅

堺筋線 地下鉄

西大橋駅

四ツ橋駅

ミナミ

心斎橋駅

長堀橋駅

谷町六丁目駅

地下鉄長堀鶴見緑地線

地下鉄千日前線

鶴橋駅

布施駅

JRおおさか東線

大阪城公園
新大阪駅→大阪城公園駅
新大阪駅➡JR京都線4分➡大阪駅➡大阪環状線10分➡大阪城公園駅

なんば駅

大阪難波駅

日本橋駅

谷町九丁目駅

近鉄奈良線・大阪線

JR難波駅

難波駅

近鉄日本橋駅

大阪上本町駅

南巽駅

JR大阪環状線

地下鉄谷町線

大国町駅

恵美須町駅

天王寺駅

JR関西本線（大和路線）

鶴橋
新大阪駅→鶴橋駅
新大阪駅➡地下鉄御堂筋線15分➡なんば駅➡地下鉄千日前線5分➡鶴橋駅

久宝寺駅

新今宮駅

今宮駅

天王寺駅前

大阪阿部野橋駅

地下鉄御堂筋線

南海本線

動物園前駅

近鉄南大阪線

阿倍野駅

地下鉄四つ橋線

地下鉄堺筋線

関西空港 ➡ 大阪駅
私鉄・地下鉄利用 ● 1時間4分
関西空港駅➡（南海空港線空港急行45分）➡南海難波駅／なんば駅➡（地下鉄御堂筋線10分）➡梅田駅／大阪駅

天下茶屋駅

阪堺電軌阪堺線

地下鉄谷町線

地下鉄御堂筋線

JR阪和線

関西空港 ➡ なんば駅
私鉄利用 ● 52分
関西空港駅➡（南海空港線空港急行50分）➡南海難波駅／なんば駅

玉出駅

岸里玉出駅

阪堺電軌上町線

高野線 南海

★関西空港

祭りやイベント、季節ごとの楽しみ方が見つかる
大阪トラベルカレンダー

年間を通して穏やかな気候が続くが、夏の暑さは日本有数。
訪れる時期により、大都市ならではの行事やイベントが楽しめる。

1月	2月	3月	4月	5月	6月
新年のスタートは歴史ある大阪天満宮で初詣。大勢の参拝客で賑わう。	気温は低いが冬晴れが続く。公園では梅がほころぶ。	穏やかな気候。桜の開花が始まり、春の訪れを感じる。	桜は4月中旬くらいまでが見頃。花見スポットには多くの見物客が。	日中は暖かく、中心街での買い物や、公園散策も心地よい。	梅雨の時期。公園ではアジサイやスイレンなどの花が潤いをみせる。

● 月平均気温（℃）
■ 月平均降水量（mm）

徐々に暖かくなり過ごしやすい気候に。夜はまだ冷えるので薄手のカーディガンを用意したい

街歩きをするなら、ダウンジャケットやマフラーを身につけて出かけよう ▽

| 気温 | 6.0 | 6.3 | 9.4 | 15.1 | 19.7 | 23.5 |
| 降水量 | 45.4 | 61.7 | 104.2 | 103.8 | 145.5 | 184.5 |

1日〜
初詣（大阪天満宮）
学問・芸術の神として名高い菅原道真公を祀る神社の初詣。毎年約50万人もの参拝者が訪れる。

24・25日
初天神梅花祭（大阪天満宮）
菅原道真公の年初めの縁日に合わせて行われる。御霊を慰め、追悼の意を込めて、梅の小枝をお供えする。

中旬〜3月中旬
梅まつり（万博記念公園）
公園の敷地内にある自然文化園では約120品種・約600本、日本庭園では40品種・約80本の梅が美しい花を咲かせる。

中旬〜4月上旬
SAKURA EXPO（万博記念公園）
東大路に咲くソメイヨシノや、山桜、里桜など、12種・約5500本の桜が咲き、大阪の街に春を伝える。

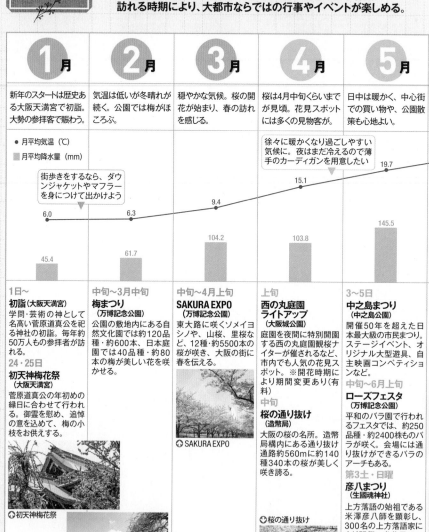
↑SAKURA EXPO

上旬
西の丸庭園ライトアップ（大阪城公園）
庭園を夜間に特別開園する西の丸庭園観桜ナイターが催されるなど、市内でも人気の花見スポット。※開花時期により期間変更あり（有料）

中旬
桜の通り抜け（造幣局）
大阪の桜の名所。造幣局構内にある通り抜け通路約560mに約140種340本の桜が美しく咲き誇る。

↑桜の通り抜け

3〜5日
中之島まつり
開催50年を超えた日本最大級の市民まつり。ステージイベント、オリジナル大型遊具、自主映画コンペティションなど。

中旬〜6月上旬
ローズフェスタ（万博記念公園）
平和のバラ園で行われるフェスタでは、約250品種・約2400株ものバラが咲く。会場には通り抜けができるバラのアーチもある。

第3土・日曜
彦八まつり（生國魂神社）
上方落語の始祖である米澤彦八師を顕彰し、300名の上方落語家により開催。参集殿での奉納落語や境内での屋台や催し物も人気。両日で10万人の人出。

上旬〜下旬
あじさい祭（万博記念公園）
約30品種約4000株のアジサイが色とりどりに咲く。「あじさいの森」の小道には、雨の日でも多くの見物客が訪れる。

↑あじさい祭

↑ローズフェスタ

↑初天神梅花祭

↑梅まつり

↑万博記念公園(→P.48)

↑大阪城公園(→P.40)

↑中之島公園(→P.95)

↑靭公園(→P.95)

7月	**8月**	**9月**	**10月**	**11月**	**12月**
統的な夏祭りや都市フェスティバルなど上がりをみせる。	水辺に囲まれた街の納涼イベントは、河川敷での花火がメイン。	残暑が続く。下旬を過ぎれば夕方に気持ちよい風を感じることも。	文化の秋。市民が中心となり街のイベントを作り上げる。	雨も少なくカラッとした秋晴れが続く。公園の木々も赤く色づく。	街は光り輝くイルミネーションで華やか。クリスマス一色に。

27.4　　28.8　　25.0　　19.0　　13.6　　8.6

ほぼ毎日が真夏日。水分補給や熱中症対策も忘れずに

冷え込むようになるので、冬物のコートを準備しておこう

157.0　　90.9　　160.7　　112.3　　69.3　　43.8

・12日
國魂祭(生國魂神社)
阪三大夏祭りのトップて、旧神城である大城までの行列が行われ　境内には、20万人参拝者が訪れる。
・25日
神祭(大阪天満宮)
本三大祭りのひと　桜ノ宮周辺から中島周辺にかけて多数船が浮かび、夜空に上がる奉納花火もい。

3日(予定)
なにわ淀川花火大会
(淀川河川敷)
淀川を愛する地元住民やボランティアにより運営開催される花火大会。大阪の夏の風物詩として約50万人もの観客が集まる。
10・11日
法善寺横丁まつり
(法善寺横丁)
法善寺の境内がメイン会場となり、演芸や文楽が披露される。横丁の商店が出店し露店には多くの客が集まる。
11・12日
大阪薪能(生國魂神社)
大阪の戦後復興の象徴として昭和31年(1956)年より始まった野外能。能楽五流派が揃い執り行われる。

↑御堂筋イルミネーション
※過去の様子
©大阪・光の饗宴実行委員会

11〜12月頃
御堂筋
イルミネーション
(御堂筋)
最も多く街路樹にイルミネーションを施した通りとして世界記録に認定。全長約4kmの御堂筋全体が美しい光に包まれる夜景は圧巻。
中旬〜
海遊館
イルミネーション
(海遊館)
約20mのメインツリーと海遊館で暮らす生き物たちのオブジェが温かな光で一帯を彩る。

↑海遊館
イルミネーション

上旬〜
OSAKA光の
ルネサンス(中之島)
中之島の水辺に広がる光のアート。人気のプロジェクションマッピングや、多彩なコンテンツを展開。

↑大阪市中央公会堂壁面プロジェクションマッピング ※イメージ
©大阪・光の饗宴実行委員会

プレミアム滞在 モデルプラン

大阪
おとなの2泊3日

関西屈指の観光都市である大阪と、歴史と文化の
なにわ情緒が残る大阪。さまざまな顔に出会える
街を周遊し、新しい街の風景を思い出にしたい。

△大阪城天守閣北端の山里丸と二の丸を結ぶ全長54mの極楽橋。歴史の分岐
点で幾度も崩れては架け直され、その伝統的な橋脚を今に残している

秀吉が夢に描いた巨大都市の今昔を見る

【1日目】

古くから大阪の街を見守る大阪城と、最新施設が続々誕生する梅田エリアを巡る。

9:00 大阪駅
　約25分
　大阪駅からJR大阪環状
　線で10分、大阪城公園
　駅下車、徒歩15分

9:30 大阪城天守閣
　約25分
　大阪城公園駅からJR大
　阪環状線で10分、大阪
　駅下車

12:30 大阪駅
　約10分
　徒歩

18:30 梅田スカイビル
　　　　空中庭園展望台
　約10分
　徒歩

20:00 大阪駅

太閤・秀吉 ゆかりの
地を巡る

大阪城天守閣 →P.42
おおさかじょうてんしゅかく

現在の天守閣は昭和6年(1931)に
復興された3代目。8階には展望台
があり、大阪の街並みを一望でき
るスポットとして人気。公園内に
ある商業施設なども充実しており、
早春になると約1270本の梅が見頃
を迎え、多くの観光客が訪れる。

→ ### 豊國神社 →P.41
ほうこくじんじゃ

重森三玲作庭による秀石庭。秀吉ゆかりの千成瓢箪の形
を地割模様とし、巨石を見事に組み合わせている。秀吉
公の銅像もたたずむ。

大阪駅周辺 の賑やかな最新スポットを散策

大阪ステーションシティ →P.32
おおさかステーションシティ

大阪駅構内、サウスゲートビルディング、ノースゲートビルディングにまたがる駅直結の商業施設。最新トレンドが集まり、話題のレストランやショップなどの見どころが豊富。休憩にぴったりの飲食店はもちろん、緑あふれる複数の広場があり、憩いの場としても活用されている。

ホワイティうめだ →P.30

大阪駅南東、地下鉄梅田駅と東梅田駅付近に広がる地下街。2019年にリニューアルし、NOMOKAなどの新しいエリアが完成。新しい飲食店もでき、盛り上がりをみせる。

LINKS UMEDA →P.28
リンクス ウメダ

梅田駅前にあるランドマーク・ヨドバシカメラに新設された大型複合商業施設。2019年に完成、地下1階から地上8階に、約180店舗が集まる地域最大級のビル。

プランニングのアドバイス

大阪城公園には歴史スポットが点在しているため、時間をかけて観光する際は、天守閣の開館午前9時に合わせて行動したい。梅は2月下旬〜3月上旬、桜は4月上旬〜下旬が見頃。梅田エリアの観光は、JR大阪駅(地下鉄梅田駅)に大型商業施設が集まる。新業態のレストランや、関西初上陸のショップなど最新トレンドが盛りだくさん。新梅田シティへは、午後6〜7時を目安に戻り、JR大阪駅(地下鉄梅田駅)のロッカーに手荷物を預けておくとよい。

梅田周辺は大阪ごはんを食べられる飲食店に事欠かない。JR大阪駅(地下鉄梅田駅)周辺のレストランでは、たこ焼、お好み焼、串カツなどの大阪グルメが一堂に集まる。夕食は梅田スカイビルのレストラン街がおすすめ。絶景を眺めながらお酒を楽しめるレストランやバーが充実している。

高層ビル から光り輝く大阪を一望する

梅田スカイビル
空中庭園展望台
うめだスカイビル
くうちゅうていえんてんぼうだい
→P.58

地上40階、地下2階からなる、高さ約173mの超高層ビル。2棟を連結させている最上部は、オープンエアの展望回廊となっている。

美しい夜景とともにおしゃれなカクテルを楽しむ

梅田スカイビルのタワーイーストとウエストを結ぶ空中空間

水と緑に囲まれた商都大阪の風景を巡る

古くより水上交易の拠点として繁栄した大阪の川辺を、優雅に巡る旅を楽しむ。

2日目

10:00 大阪駅

約20分
大阪駅からOAP（大阪アメニティパーク）港まで、JR大阪環状線で5分、桜ノ宮駅下車、徒歩10分

10:20 アクアライナー

約15分
徒歩

13:00 天神橋筋商店街

約15分
南森町駅から地下鉄・堺筋線で2分、北浜駅下車、徒歩7分

15:00 大阪取引所

約7分
徒歩

16:00 中之島公園

約15分
徒歩

17:00 水晶橋

約8分
淀屋橋駅から地下鉄・御堂筋線で8分、梅田駅下車すぐ

18:00 梅田駅

日本一長い 商店街 を楽しむ

天神橋筋商店街
てんじんばしすじしょうてんがい
→P.100

2.6km約600店舗がひしめく日本最長の商店街。天神祭で有名なご利益スポット、大阪天満宮も近い。

中心街を流れる 大川 を周遊する

アクアライナー **→P.155**

大阪水上バスが運航する観光船。水都大阪の定番クルーズ。延々と桜色に染まる大川沿いは、大阪の春の風物詩として全国的にも有名。

水都・大阪を象徴する 中之島 を散策する

大阪取引所 **→P.97**
おおさかとりひきじょ

白亜の円筒形をした外観が目を引くレトロ建築。大阪の経済発展に尽くした五代友厚の銅像が立つ。

プランニングのアドバイス

OAP港発着のアクアライナーは土・日曜、祝日の限定運航を実施しているためスケジュールは事前に確認を。それ以外の発着港では平日も運航する。2.6kmにもおよぶ天神橋筋商店街は大阪天満宮の参拝と合わせて観光したい。中之島には美術館も多く、企画展などもチェックしておくと◎。
　昼は天神橋筋商店街で昔ながらの食堂を満喫してみたい。夜は繁華街の梅田周辺や中之島周辺で、贅沢なガストロノミーの名店（P.124～127）を訪れるのもおすすめ。

中之島公園 **→P.95**
なかのしまこうえん

バラ園とバラの小径があり、約310種、約3700株のバラが植栽されている。都会の真ん中にありながら、美しい花が楽しめる貴重なスポット。

水晶橋 **→P.97**
すいしょうばし

かつては可動堰だった、堂島川に架かる歩行者専用橋。昭和4年（1929）に完成、レトロな風情を残す。

船が堂島川をのんびり進む光景が見られる

3日目

11:00 梅田駅
約20分
梅田駅から地下鉄・御堂筋線で9分、なんば駅下車、徒歩7分

11:20 法善寺横丁
約2分
徒歩

12:00 戎橋
約8分
徒歩

14:00 心斎橋筋商店街
約5分
徒歩

15:00 御堂筋
約5分
心斎橋駅から地下鉄・御堂筋線で8分、天王寺駅下車すぐ

16:00 あべのハルカス
約15分
天王寺駅から地下鉄・御堂筋線で15分、梅田駅下車すぐ

19:00 梅田駅

エネルギッシュな街、ミナミのパワーを体感

なんば周辺の熱情に満ちた歓楽街は、随所に「おもろい」が見え隠れする。

巨大な看板が出迎える 道頓堀 を観光

法善寺横丁 ➡P.66
ほうぜんじよこちょう

水掛不動尊で知られる、法善寺横丁は昔ながらの情緒が残る。

トレンドが集まる 心斎橋 の賑わいへ

心斎橋筋商店街 ➡P.79
しんさいばしすじしょうてんがい

アーケードに老舗から流行店まで約180の店舗が並ぶ商店街。海外の観光客からも人気が高い。

戎橋 ➡P.64
えびすばし

道頓堀の景色として最も有名な場所。道頓堀川の開削と同時に架けられたといわれ、古くから多くの人々が利用した。

御堂筋 ➡P.64
みどうすじ

心斎橋からなんばにかけて南北に走る大通り。イチョウ並木が植えられた通りには、高級ブランド店やハイエンドなレストランが並ぶ。

市南部の ターミナル都市 でミナミの夜を楽しむ

あべのハルカス ➡P.86

高さ300mのビル、最上部の展望台から大阪ミナミの夜景が楽しめる。下層階のショッピングやレストランも充実している。

プランニングのアドバイス

繁華街は午前10時から徐々に賑わいを増していく。一日中繁華街を歩き回るので、時間は少し遅めのスタートがちょうどよい。あべのエリアへ早めに向かい、夜に道頓堀へ戻れば、昼と夜の違った雰囲気が楽しめる。
昼は道頓堀や心斎橋で、たこ焼やお好み焼など、大阪定番のB級グルメを堪能したい。歩き疲れたら心斎橋や堀江のおしゃれカフェに立ち寄るのもよい。夜は新世界で本場の串カツや、あべのハルカスのレストラン街(P.88)で夜景を眺めながらの食事を堪能するのもよい。

21

ニュース＆トピックス

2025年7月に開催される予定の大阪万博を控え、ホテル、レジャー施設、グルメスポットなどが続々オープン。USJの新アトラクションや最新技術が導入された大阪駅などからも目が離せない。

2022年5月オープン

傾斜約30度の斜面を一気に滑り降りる仕様

上のランプが緑になったら滑降しよう

夜になるとライトアップされる滑り台

新世界に生まれた新名所！
通天閣「TOWER SLIDER」

大阪のシンボル・通天閣の中間展望台3階から地下1階まで高さ約30mを10秒で一気に滑り降りる全長60mの体感系滑り台が誕生！スロープ部分は安全性の高いチューブ形状になっており、景色を眺めながらスリルある滑降を楽しめる。

通天閣「TOWER SLIDER」
つうてんかく「タワースライダー」

新世界 MAP 付録P.18A-2

☎06-6641-9555　🏠浪速区恵美須東1-18-6
🕐通天閣に準ずる　💴TOWER SLIDER1000円、
一般展望料金1000円、特別屋外展望台＋300円
🚃地下鉄・動物園前駅から徒歩6分　🅿️なし

2019年に登場した特別屋外展望台「天望パラダイス」。360度の絶景に囲まれたシースルーの展望台にドキドキ！

天望パラダイスから、街を一望できる大迫力の体験！

船の帆をイメージした建物とガーデンが特徴

開放感があるOMO7大阪のコーナーツインルーム

星野リゾート の宿泊施設が次々と大阪に進出

独自コンセプトや旅先での感動体験、ていねいなおもてなしでファンが多い星野リゾート。新たに大阪にオープンしたのは、自然や豊富なアクティビティをテーマとした「リゾナーレ」と、街を楽しむことを提案する街ナカホテル「OMO」。旅の目的や、テーマによって宿泊先を探したい。

2022年4月オープン

OMO7大阪 by 星野リゾート
おもセブンおおさかホテル バイ ほしのリゾート

広大なガーデンエリアや、イノベイティブなディナー、新世界や大阪木津卸売市場のガイドツアーなどステイそのものが楽しい「なにわラグジュアリー」を体感できるホテル。

新今宮 **MAP** 付録P.3 E-3
☎050-3134-8095 所浪速区恵美須西3-16-30 交大阪環状線・新今宮駅すぐ P70台(有料) in15:00 out11:00 室436室 予約5万8000円〜(1室、夕朝食付)

彩りもきれいなコースディナー「Naniwa Neo Classic」

星野リゾート リゾナーレ大阪
ほしのリゾート リゾナーレおおさか

プール、カフェ、レストラン、スパなど豊富な施設が魅力。子どもたちの創造力をかき立てる素材や道具が揃ったアトリエでは、スタッフのサポートのもと、思う存分遊べる。

南港 **MAP** 本書P.2 C-2
☎06-6614-7845 所住之江区南港北1-13-11 交JR大阪駅から無料シャトルバスで25分、関西空港からエアポートリムジンバスで50分 P330台(無料) in15:00 out12:00 室64室 予約9000円〜

2023年3月オープン

OMO関西空港 by 星野リゾート
おもかんさいくうこう バイ ほしのリゾート

関西国際空港への到着・出発時に素敵な時間を過ごせる「空チカ」ホテル。半露天風呂や炭酸風呂など6つのお風呂にドライサウナもあり、旅の疲れが癒やされる。

関西空港 **MAP** 本書P.3 F-3
☎050-3134-8095 所泉佐野市りんくう往来北1-833 交南海電鉄・りんくうタウン駅から徒歩1分 P17台(有料) in15:00 out11:00 室700室 予約1万6000円〜(1室、食事なし)

飛行機旅のテンションあがる、りんくうタウン駅直結のOMOベース2F

2022年12月オープン

さまざまな発想や可能性に出会えるアトリエ

❖ OSAKA NEWS & TOPICS

世界的デザイナーを起用した都心型パブリックスペース

2024年9月オープン

グラングリーン大阪 から始まる、新しい街づくり

JR大阪駅というターミナル駅直結の都市公園としては世界最大級の規模（面積45,000㎡）を誇る「うめきた公園」に加え、南街区と北街区の3エリアからなる。ビジネスや観光はもちろん、さまざまな可能性を秘めたスポットになりそうだ。

グラングリーン大阪
グラングリーンおおさか

大阪府 MAP 付録P.10 B-2
🏠北区大深町
🚉JR大阪駅直結 🅿なし

顔パスで通ることができる顔認証改札機は映像の演出もおもしろい

全面ガラス張りのフルスクリーンホームドア

2023年3月開業

デジタル&AI技術が集まった大阪駅（うめきたエリア）

大阪駅に新設された「うめきたエリア」には、近未来的な顔認証改札機や、巨大スクリーンが特徴的なインタラクティブ空間、AIが対応する「みどりの券売機プラス＋AI」、AI案内ロボット「Ayumi」などがあり最新技術を体感できる。

大阪駅
おおさかえき

大阪駅 MAP 付録P.11 D-3
🏠北区梅田3

グラングリーン大阪の玄関口となる大阪駅（うめきたエリア）

大人気のスーパー・ニンテンドー・ワールドに新しいエリアがオープン

2024年春オープン

人気ゲームの世界を冒険！ドンキーコング・カントリー

足を踏み入れた先は、ドンキーコングたちが暮らすジャングル！鉱山を走りまわるスリル満点のトロッコ列車や、全身を使うプレイエクスペリエンスなど、ここでしかできない体験がたくさんのエリアが満を持してオープンする。

ユニバーサル・スタジオ・ジャパン

ベイエリア MAP 付録P.19 E-3
 ▶P.52

画像提供：ユニバーサル・スタジオ・ジャパン ©Nintendo

1、2階にはレストランやショップ、4、5階が展示スペースとなっている

2022年2月オープン

国内外から注目を集めるコレクション
大阪中之島美術館 が開館

水都大阪のシンボルゾーン、中之島エリアに開館した美術館。第一級のコレクションの魅力を引き出し、大規模巡回展にも対応できる関西最大級の展示室を備える。

大阪中之島美術館
おおさかなかのしまびじゅつかん

中之島 **MAP** 付録P.6 B-1
☎06-6479-0550 所大阪市北区中之島4-3-1 営10:00〜17:00 休月曜 交京阪・渡辺橋駅から徒歩5分 Pあり
※開館時間、休館日、料金は展覧会により異なる

2023年5月オープン

世界的なブランドが発信する
voco大阪セントラル

IHGホテルズ＆リゾーツの新ブランド「voco」が日本初進出。スタイリッシュなモダンインテリアに加え、ペットボトルを使わないリターナル瓶や古材を利用した内装などサステナブルな環境づくりにも取り組んでいる点が特徴だ。

voco大阪
セントラル
ヴォコおおさかセントラル

191室のゲストルームやレストランのほかに、カフェ＆バー、ジム、ミーティングルームなども完備

京町堀 **MAP** 付録P.6 C-2
☎06-6445-1100 所西区京町堀1-7-1 交JR大阪駅から徒歩10分 Pなし 営IN15:00 out11:00 室191室 予算非公開

和モダン畳付きの部屋やバリアフリーなどさまざまなタイプの客室がある

2022年11月オープン

OSAKAたこ焼マーケット で
食べ比べ＆飲み比べ!

大阪の人気たこ焼店5店舗（「あべの たこ焼き やまちゃん」「道頓堀 くくる」「たこ焼き 十八番」「大阪玉出 会津屋」「甲賀流」）が一堂に会した人気スポット。カウンターやテーブル席などのイートインも充実している。

OSAKA
たこ焼マーケット
オーサカたこやきマーケット

大きなたこ焼ツリーが目印!

梅田 **MAP** 付録P.11 E-2/F-2
☎なし 所北区角田町5-15HEP FIVE & HEP NAVIO1階 営11:00〜22:00 交JR大阪駅より徒歩5分 Pなし

道を隔ててHEP NAVIOとHEP FIVEの1階に店舗が分かれている

25

迷路のような地下街や
新たなビルが立つ繁華街

JR大阪駅、地下鉄梅田駅周辺は、7つの鉄道駅が集中するターミナル。大型複合施設が数多く並び、再開発で新しいビルや広場などが続々登場している

Umeda
梅田

再開発で
パワーアップした
梅田ダンジョンを
攻略する

大阪キタの中心街である梅田は、西日本最大の繁華街でありオフィス街でもある。JR大阪駅を中心に商業施設が並び、リニューアルした地下街も待っている。

特集 ● 進化する巨大ターミナル

地上と地下が交差する迷宮世界
右往左往するのもおもしろい

　JR大阪駅や梅田駅(阪急、阪神、市営地下鉄)をコアとする広範囲なエリアを梅田と称している。航空法の関係で200m以上のビルはないが、大型デパートやホテル、オフィスビル、ショッピングモール、娯楽施設、歓楽街がぎっしり立ち並ぶ、日本有数の繁華街であり、同時に巨大なオフィス街として大阪の経済を支えている。

　地上ばかりではない。梅田の地下には広大な地下街が広がっており、その複雑怪奇な迷宮度は世界的にもよく知られ、"遭難者"が絶えないという。ネット上では「梅田ダンジョン」とすら呼ばれている。

アクセス

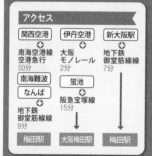

関西空港	伊丹空港	新大阪駅
南海空港線 空港急行 50分	大阪 モノレール 2分	地下鉄 御堂筋線 7分
南海難波	蛍池	
なんば	阪急宝塚線 15分	
地下鉄 御堂筋線 9分		
梅田駅	大阪梅田駅	梅田駅

洗練されたブランドが出店
西梅田
にしうめだ
MAP 付録P.10-11
ハービスエントやオオサカガーデンシティなど、有名なブティック、雑貨店が入る商業施設が多い。

落ち着きあるショッピングエリア
茶屋町
ちゃやまち
MAP 付録P.10-11
ファッションビルや多くの路面店が立ち並ぶ。ミナミの心斎橋と並ぶ、キタのおしゃれスポット。

夕食後の一杯を求めて路地へ
福島
ふくしま
MAP 付録P.4A-4
こだわりの食材を使った創作料理など、オリジナリティあふれるレストランや飲み屋が集まるエリア。

眠らない街で味わう高級料理
北新地
きたしんち
MAP 付録P.10-11
高級クラブやバー、割烹料理店などの飲食店が軒を連ねる大阪の歓楽街。ネオン輝く街並みが特徴。

梅田

NU 茶屋町
ヌーちゃやまち
おしゃれなアクセサリ
ーなど、感度の高い個
性あふれる店が入る。

西日本最大のターミナル駅

JR大阪駅周辺

ジェイアールおおさかえきしゅうへん

MAP 付録P.11 D-3

梅田エリアの中心にあるJR大阪駅。
その周辺には、私鉄各線の梅田駅が
直結、または徒歩圏内に点在してい
る。JR大阪駅には象徴的な大屋根
の下にある「時空の広場」があり、
待ち合わせスポットとして活用され
ている。

JR大阪駅周辺

茶屋町

グランフロント大阪北館 ★
グランフロント大阪 ★
オイシイもの横丁 ★
LINKS UMEDA ☆
グランフロント大阪南館 ★
LUCUA osaka SC
ノースゲートビルディング
大阪ステーションシティ ★
エキマルジェ大阪 ★
サウスゲートビルディング
大丸梅田店 SC

SC NU茶屋町

大阪梅田駅

梅田オーバ
SC EST

S ヨドバシ梅田

SC 阪急うめだ本店

★ ホワイティ
うめだ

★ NOMOKA

阪神
梅田本店

西梅田駅

ディアモール大阪

西
梅
田
駅

北新地駅

北新地

福島入口

福島駅

福島

福島駅

新福島駅

ディアモール大阪
ディアモールおおさか
主要な鉄道路線の連絡通
路にある地下街。イタリ
アの街をイメージ。

阪神
梅田本店
はんしんうめだほんてん
阪神梅田駅直結の百
貨店。デパ地下はい
つも賑わう。

27

いつもの買い物を豊かにしてくれる新たな複合施設が誕生

LINKS UMEDA

家電量販店が手がける複合施設が完成。梅田の駅前に立つランドマークとして、新しい梅田ライフを提案する、良質なレストランとショップに足を運んでみたい。

大きく変貌する梅田エリアに新たなランドマークが登場

カメラ・家電量販店のヨドバシカメラ マルチメディア梅田に隣接し、地下1階から8階まで両館合わせた売り場面積は約9万㎡と、梅田エリア最大級。ファッションやインテリア、飲食店、アミューズメントにいたるまで約180店が集結していて、カップルやファミリーなど幅広い年齢層が満足できるスポットだ。

LINKS UMEDA
リンクス ウメダ

梅田 **MAP** 付録P.11 D-2

☎なし 🏠北区大深町1-1 🕐店舗により異なる
🈳無休 🚃JR大阪駅・地下鉄梅田駅からすぐ／阪急線
大阪梅田駅から徒歩5分 🅿あり

➡洗練された雰囲気の複合施設

➡屋上にはフットサルとBBQを備えた「LINKS'KY GARDEN」が誕生

地下1階

オイシイもの横丁
オイシイものよこちょう

地下1階の通路沿いに約20軒の飲食店のカウンターが立ち並び、どこかレトロな「横丁」の雰囲気。ランチはもちろん台湾ティーのゴンチャなど、カフェもあり梅田散策の休憩に立ち寄るにも便利。手ごろな価格で楽しめるバルや立ち飲み店を、はしごするのも楽しみだ。

⬆地元客からも人気のカジュアルな横丁

⬆地下1階のグルメフロアには食材を購入できるマルシェもある

地下1階 ●RESTAURANT
だしが染みわたる新感覚ODENの店

ODD
オッド

看板メニューは、オリジナルのアヒージョODEN。だしが染み込んだ具材に、オリーブオイルやフォアグラなど、絶妙にマッチ。はせがわ酒店セレクトの日本酒、自社輸入の日本未入荷ワインなどと一緒に味わいたい。

☎06-6225-7719 🕐LINKS UMEDAに準ずる

⬆だしに浸かるおでんが新たな一品に変身

➡しっかり食事派も、軽く飲む派も楽しめる

➡十四代・新政・而今などの希少日本酒も揃える

➡逸品！カニ味噌クリームチーズ大根880円

➡ランチにも人気の大阪コラーゲンカオソーイ880円

予約	可
予算	Ⓛ2200円〜
	Ⓓ2200円〜

LINKS UMEDA

梅田駅前の新しいランドマークに！

↑すみずみまで見てまわると丸一日かかりそうな広さ

8階●RESTAURANT

目の前でお肉を焼き上げる
上質な鉄板焼きを堪能

神戸牛すてーき Ishida

こうべぎゅうすてーき イシダ

☎06-6147-8325 営休 LINKS UMEDA
に準ずる

予約	可
予算	L6100円〜
	D7510円〜

A5ランク神戸牛や黒毛和牛の鉄板焼きを味わえる名店が大阪に登場。世界に誇る神戸牛など、プロの目利きで仕入れる最上級の肉料理を、カウンター席の目の前で調理してくれる。専門店ならではの価格で味わえるのもうれしい。

↑ディナーにおすすめの神戸牛コース1万450円〜

地下1階●RESTAURANT

種類豊富なおばんざいで
気軽に1杯飲みたくなる

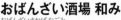

予約	可
予算	L850円〜
	D2000円〜

おばんざい酒場 和み

おばんざいさかば なごみ

料理は280円〜、約50種類のおばんざいを提供。名物の本格蒸籠蒸し焼売各種や季節に応じて提供する料理がおすすめ。和三盆を使用した手作りプリンなどデザートまで充実。リーズナブルで一人でも利用しやすい。

☎なし 営休 LINKS UMEDAに準ずる

↑味が染みたおでんは日本酒と合わせたい

↑手作りのプリンは売り切れることもあるほど人気

難攻不落の地下街が大幅リニューアル
ホワイティうめだ

日本有数規模の地下街を形成する梅田を代表する地下街が進化を遂げた。
食の街・大阪の名店が集まる3つのゾーンを歩き、食の迷宮に入り込んでみるのはいかが?

キタエリア最大の地下街を
気の向くままに散策する

鉄道各線が集中する巨大ターミナルに位置し、梅田の玄関口として訪れる人々をもてなすさまざまな店舗が並び、西側にはファッション・コスメ・雑貨・サービス店が揃うほか、東側には飲食・食物販店を集積。最奥にはバル街の「NOMOKA」がある。待ち合わせスポットとして有名な「泉の広場」では、季節や時間によって照明が変化する「Water Tree」が人々の目を楽しませる。

↑昭和38年(1963)開業の歴史ある地下街をぶらり

ホワイティうめだ

梅田 **MAP** 付録P.11 E-3

☎なし ⓟ北区小松原町梅田地下街 ⓗ店舗により異なる ⓧ地下鉄東梅田駅・梅田駅・阪急線大阪梅田駅直結/JR大阪駅から徒歩3分 Ⓟなし

→全店舗数は約180もある

特集●進化する巨大ターミナル

地下1階
NOMOKA
ノモカ

ぜひ訪れるべきNOMOKAを中心とする東ゾーン。「ちょっと飲もか!」と、ふらりと飲みに立ち寄れる有名居酒屋から、日本初出店の飲食店まで、17店舗が出店。立ち飲みの名店「わすれな草」や、台北で人気の「台北餃子張記」など、行きたい店が多すぎる!

↑ふらりと立ち寄りたくなる店が並ぶ

→験を担いでかわいい「不苦労」がお出迎え

地下1階●RESTAURANT
名物店の天ぷらは
コスパも味も最強!
天ぷら大吉
てんぷらだいきち

市場から毎朝届く素材は鮮度&味も抜群で、しかも1品150円からというコスパも人気の理由。サクッと軽い衣とちょっと甘めの特製天だしがよく合い、いくらでも食べられる。お酒との相性は抜群。

☎06-6131-0723 ⓗ11:00〜23:00(ランチ11:00〜15:00) ⓗ奇数月の第3木曜

予約	不可
予算	Ⓛ1000円〜 Ⓓ1500円〜

→堺魚市場内から始まった南大阪の名物店

●海鮮丼1150円、7種も入った天ぷら小吉盛り1100円、名物のあさり汁460円

↑一人でも気軽に楽しめるカウンター

Whity Umeda

↑水と木をテーマにした「Water Tree」

地下1階 ●RESTAURANT
ワインとよく合う
オリジナルの串とピッツァ

串とピッツァ
ミアスタンド
くしとピッツァ ミアスタンド

炭焼きや揚げ、蒸しと食材に合わせて調理する創作串は、見た目も味もバラエティ豊か。生地のおいしさが自慢のピッツァも用意。話題のシカゴピッツァなどのユニークなメニューは、ぜひワインと一緒に味わいたい。

☎06-6130-8687　⊙11:00〜23:00
⊗奇数月の第3木曜

↑奥には落ち着けるテーブル席も

↑話題のシカゴピッツァ980円は中にミートソースがたっぷり

| 予約 | 可 |
| 予算 | Ⓛ850円〜 Ⓓ2000円〜 |

↑カプレーゼ200円や有頭海老のそのまんま春巻き420円など40種用意

地下1階 ●RESTAURANT
銘酒と料理が待つ
正統派の酒場へ

大衆飲み処 徳田酒店
たいしゅうのみどころ とくだざけてん

明治23年(1890)に大阪京橋で創業した酒屋。酒に合うおでんや刺身などの一品料理が充実しており、地ソースを使ったヘルメスソースの焼きそばやおばんざいなど、大阪らしい味も楽しませてくれる。地元では知らない人がいないほどの名店だ。

☎06-6364-1333　⊙11:00〜23:00(ランチ11:00〜14:00)　⊗奇数月の第3木曜

| 予約 | 不可 |
| 予算 | ⓁⒹ1000円〜 |

↑昭和の角打ちを彷彿させる

↑店内は広々としてグループもOK

↑まずは徳田盛り(魚)2480円で一杯。菊正宗450円〜

楽しみ盛りだくさんの大阪の玄関口
大阪ステーションシティ

西日本最大のターミナルには、駅直結の商業施設が複数立ち並ぶ。手軽なフードや
お弁当が選べるエキマルシェ大阪や、老舗の大丸梅田店など、好みの店を訪れたい。

便利な施設がいっぱいで
ひとつの街のような大阪駅の駅ビル

JR大阪駅を中心に、南北のビルが一体となった複合商業施設。リニューアルし、駅型モールとして国内最大級のファッションビルとなったLUCUA osakaや老舗の百貨店など、幅広い層が楽しめる。すべてが駅直結なので、効率よく時間を使えるのも魅力。ゆっくりショッピングや食事、帰りのみやげ物探しなど、自分に合わせた店選びをしたい。

広大な敷地に複数の施設が隣接している

Osaka Station City

サウスゲートビルディング　大阪駅　ノースゲートビルディン

大阪ステーションシティ
おおさかステーションシティ

梅田 **MAP** 付録P.10 C-3
☎06-6458-0212 所北区梅田3-1
営店舗により異なる 休無休
JR大阪駅直結 Pあり

↑「時空の広場」の金時計と銀時計をはじめ、シティ内には印象的な8つの時計がある

↑中心となるJR大阪駅を挟んでノースゲートビルディングとサウスゲートビルディングが建つ

特集●進化する巨大ターミナル

地下2階～15階
大丸梅田店
だいまるうめだみせ

ショッピングの楽しさや日常使いの便利さを追求し、トレンドファッションから手みやげとなる名物スイーツまで充実。「Nintendo OSAKA」や「ポケモンセンターオーサカ」、2024年春加わった「仮面ライダー」などキャラ系ショップも注目を集めている。

梅田 **MAP** 付録P.11 D-3
☎06-6343-1231（代表）
営10:00～20:00（詳細は公式HPを要確認） 休不定休

↑老舗百貨店の豊富な品揃えを誇る

↑サウスゲートビルディングに入る百貨店

14階 ●RESTAURANT
肉の老舗がお届けする
豊富なグリルメニューを堪能
炭火焼グリル カキヤス
すみびやきグリル カキヤス

創業150年以上の肉の老舗「柿安」が展開する、こだわりの肉料理とお酒をゆっくり楽しめるレストラン。肉の旨みが堪能できるメニューが揃う。

☎06-6456-3166 営11:00～22:15 休大丸梅田店に準じる

予約	可
予算	L 1300円～
	D 2000円～

↑肉汁があふれだすジューシーな「松阪牛入りハンバーグ」1550円

↑↑梅田の店はカフェでゆっくりできるのが魅力（左）。甘さ控えめで食べやすいチョコレートソフト・ジャラッツ・ショコラ・カカオ800円（下）

7階 ●CAFE
スペイン王室が選ぶ
チョコレートを味わう
ショコラテリア・カフェ
カカオサンパカ

スペイン王室ご用達のショコラテリア。厳選カカオを贅沢に使ったチョコレートやドリンク、フードメニューを用意している。

☎06-6341-7470 営10:00～20:00
休大丸梅田店に準じる

JR大阪駅が見渡せる
時空の広場

キタエリアを一望
風の広場

↑JR大阪駅の全ホームが見渡せる「時空の広場」。橋上駅の屋上にあるドームで覆われた広場で、鉄道の象徴である「時」を刻む「金時計・銀時計」を南北に配置している

↑風の広場は開放的な空間。大阪ステーションシティシティ内には10の広場が点在している

地下1階西館●SHOP
おいしい&ボリューム満点
大阪の懐かしいケーキ
りくろーおじさんの店
りくろーおじさんのみせ

大阪で昔から親しまれているチーズケーキ店。口にいれると溶ける、ふわふわで軽い口当たりの「焼きたてチーズケーキ」は手みやげに人気。

☎0120-57-2132 ⏰10:00〜20:00
休大丸梅田店に準ずる

←↑ホールでもペろりと食べられる焼きたてチーズケーキ(下)。駅直結なので買い物に便利(右)

←↑大丸梅田店が発祥で、人気の絶えない店(左)。チーズにメレンゲとカスタードクリームをブレンドしたスプーンで食べるチーズケーキ(下)

地下1階西●SHOP
チーズの魅力を最大限に生かした新感覚スイーツ
ウメダチーズラボ

大丸梅田店が発祥のチーズスイーツのショップ。看板商品「スプーンで食べるチーズケーキ」のほか焼き菓子など、新しい大阪みやげを販売する。

☎06-6343-1231(代表) ⏰10:00〜20:00(詳細は公式HPを要確認)
休大丸梅田店に準ずる

1階

エキマルシェ大阪
エキマルシェおおさか
梅田 **MAP** 付録P.10 C-3

駅構内にある商業施設。レストラン、弁当、惣菜、スイーツなどバラエティ豊かな専門店や飲食店が営業中。2021年秋、2022年夏にリニューアルオープン。

↑JR大阪駅直結で立ち寄りやすい

JR大阪駅
ジェイアールおおさかえき
梅田 **MAP** 付録P.11 D-3

京阪神の移動も待ち合わせにも活躍する、西日本最大のターミナル駅。象徴的な大屋根の下にある「時空の広場」は、「時」を刻む「金時計・銀時計」がシンボル。移動だけではなく、駅単体としても楽しめる工夫が施されている。

↑「時空の広場」にはカフェもある

33

梅田
UMEDA

↑→東館LUCUAは流行最先端のショップが充実している

地下2階〜10階

LUCUA osaka
ルクア オオサカ

トレンドに敏感なショップが集まる大型ファッションビル。東館LUCUAと、西館のLUCUA 1100（イーレ）に約500以上の店が集結。個性的な飲食店が並ぶ地下2階のバルチカや、ルクアフードホールに注目。

MAP 付録P.11 D-2(LUCUA)／付録P.10 C-3(LUCUA 1100)
☎06-6151-1111(大代表)
🕐ショッピングフロア10:30〜20:30、10Fルクアダイニング 11:00〜23:00、B2バルチカ＆ルクアフードホール 11:00〜23:00
（一部営業時間が異なる店舗あり）

↑isetanショップや個性豊かな話題の店が多数出店している

LUCUA9階 ●SHOP
自分用にもプレゼントにも最適
手ぬぐいが多数ラインナップ

注染手ぬぐい にじゆら
ちゅうせんてぬぐい にじゆら

堺の染物工場が立ち上げた地場産ブランドのアンテナショップ。伝統技法「注染」で作る手ぬぐいは、普段使いできるだけでなく、贈答用にもぴったり。限定品も必見。

☎06-6151-1348　🕐10:30〜20:30
🏢施設に準ずる

←現代的な図柄と昔ながらの染めで作る手ぬぐいは、新鮮な印象を与える

↑さまざまな柄が揃う。にじゆら注染手ぬぐい 各1760円〜

↓フロアの一角に現れるかわいい手ぬぐいをご覧あれ

特集 ● 進化する巨大ターミナル

34

LUCUA 1100 7階●SHOP

歴史ある雑貨店で
大阪らしいみやげを選ぶ

中川政七商店

なかがわまさしちしょうてん

享保元年(1716)に奈良で創業
した老舗が展開する生活雑貨
店。日本の工芸をベースに、
全国約800のメーカーととも
に作ったアイテムを幅広く取
り扱う。

☎06-6151-1365
🕙10:00〜21:00 休施設に準ずる

↑大阪の名所が描かれた
大阪ふきん550円

↑パステルカラーでかわいい牛乳瓶に入った消臭芳香剤5
種各1210円

↑中川政七商店のロゴが入っ
た、先染の縞が特徴の綿麻し
ましまエコバッグ各4620円

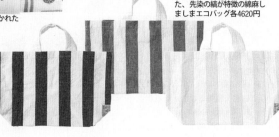

↑洗練された店内
には大阪みやげの
ほか、食器や食品、
アパレルまで並ぶ

LUCUA 1100 9階●SHOP

ワンフロアすべてを使った
提案型ブック&カフェ

梅田 蔦屋書店

うめだ つたやしょてん

☎06-4799-1800 🕙8:30〜21:00
休施設に準ずる

多種多様なカルチャーをミッ
クスし、新しいライフスタイ
ルに出会える。専門ジャンル
を持つコンシェルジュが常駐
しているので、気になる分野
について相談できるのも魅力。
さまざまな実績を持つ建築家ユニッ
トが手がけた落ち着いた空間も見もの

LUCUA 地下1階●SHOP

専門店がていねいに作る
SNS映えの華やかタルト

MARU SANKAKU SHIKAKU

マル サンカク シカク

タルトと女性の口のサイズを
徹底的に研究し、あえて高さ
を低くしたタルト。皿やフォ
ークを使わずいつでも気軽に
パクッと食べられおみやげに
人気。ホールのほか、1ピース
ずつ小箱でも提供。

☎06-6151-3142 🕙10:30〜
21:00 休施設に準ずる

↑カフェモカ(左)やいちご大福
(中)など季節限定のタルトもあ
る。1ピース用の小箱(右)に入
れて持ち帰ろう

↑1ピースずつ選んでホールにすると差し入れにぴったり

大阪ステーションシティ

35

特集●進化する巨大ターミナル

梅田の北側（うめきた）に誕生した巨大複合施設
グランフロント大阪

梅田の中心街にありながら、朝まで楽しめる飲食街や日本の技術を学べるナレッジ
キャピタルなど、珍しいスポットが集まる複合施設。一日中楽しめるのが魅力。

見て、食べて、一日中楽しめる
キタエリアのランドマーク

大阪駅直結の大型複合商業施設。「OMOSIROI」
をテーマに遊んで学べる知的エンターテイ
ンメント空間「ナレッジキャピタル」を擁す
る北館、ファッションやレストランなどが連
なる南館、ホテル、オーナーズタワーの4つ
のタワーで構成。さらに、駅前に広がる約
1haのうめきた広場では、さまざまなイベン
トを開催している。

⬆南館にはレストラン
やショップが集まる

⬆大阪駅から直結して　⬆吹き抜けで開放感のある館内は、企業やクリ
いる便利な施設　　　　エイターなどが一堂に会す特殊な空間も

広大なのでフロアマップを見ながら散策

グランフロント大阪
グランフロントおおさか

梅田 **MAP** 付録P.10 C-1(北館)／付録P.10 C-2(南館)
☎06-6372-6300(代表)　🏠北区大深町
🕐11:00～21:00、レストラン11:00～23:00
※一部店舗により異なる　🈖不定休
🚃JR大阪駅直結　🅿あり

地下1階〜9階
グランフロント大阪北館
グランフロントおおさかきたかん

さまざまな企業や大学研究機関の
展示ブースや、ショールームを詰
め込んだナレッジキャピタルが中
核。バルや居酒屋が集められた6
階のUMEKITA FLOORも要チェッ
ク。和食・洋食・中華など選りすぐ
りの14店舗が集結しており、夜景
を楽しみながらおしゃれなメニュ
ーを堪能できる。

梅田 **MAP** 付録P.10 C-1

⬆企業や大学の先端
技術が無料で体験で
きる
⬆共有部屋ではUMEKITA
FLOORすべての店のメ
ニューを楽しめる

6階●RESTAURANT
空輸で自社直輸入した
本格イタリアンを楽しむ
MAMMA PARMA
マンマ パルマ

イタリアパルマから空輸直送
のこだわりぬいた本場の生ハ
ムとパルマ郷土料理をカジュ
アルに味わえる。目の前でス
ライスされる生ハムは絶品。
☎06-6147-8475　🕐11:00～23:
00　🈖グランフロント大阪に準ずる

予約 可
予算 Ⓛ2000円～
　　 Ⓓ4500円～

⬆ディナーはもちろん、
気軽にランチも楽しめる

⬆24カ月天然熟成されたTANARA社
のプロシュットディパルマ

6階●RESTAURANT
世界各国のチーズを
食べ比べしたい
CHEESE KITCHEN
RACLER
チーズ キッチン ラクレ

チーズを使ったさまざまな料理
が楽しめる。昼はおしゃれなプ
レートランチ、夜はチーズフォ
ンデュやラクレットチーズなど
を用意。
☎06-6131-9733　🕐11:00～15:00
(LO14:00) 17:00～23:00(LO22:00)
🈖グランフロント大阪に準ずる

予約 可
予算 Ⓛ2000円～
　　 Ⓓ4000円～

⬆ゆったり
としたダイ
ニング

⬆選べるパスタのラン
チプレート

⬆お肉料理にラクレッ
トチーズのナイアガラ
をたっぷりかけて

グランフロント大阪
オーナーズタワー（居住棟）

インターコンチネンタル
ホテル大阪

オフィスタワーB

オフィスタワーA

グランフロント大阪
北館

グランフロント大阪
南館

大都会の憩いの場
うめきた広場

↑グランフロント大阪南館の目の前に広がるうめ
きた広場。冬のイルミネーションが美しい

↑レストランやショップが数多く入るグランフロント大阪の北館
と南館が観光の中心。オフィスや住居棟もあり敷地は広大

6階 ●RESTAURANT
ビールのイメージを
変革する独自醸造

| 予約 | 可 |
| 予算 | Ⓛ1000円〜
Ⓓ1500円〜 |

BAK
バク

大阪発のクラフトビール専門
店。独自の醸造スタイルで、ほ
かにはないビールを多数揃え
る。バナナやキュウリなどのお
もしろい風味にも挑戦している。
☎06-4256-6678　⏰11:00〜23:00
㊡グランフロント大阪に準ずる

↑スタンディングバー形式のお店

↑オリジナルビールがずらりと並ぶ

6階 ●RESTAURANT
「とにかく魚のうまい店」と
評判の博多の名店が登場

| 予約 | 可 |
| 予算 | Ⓛ1500円〜
Ⓓ4000円〜 |

しらすくじら

魚介料理を中心とした九州料
理の店。新鮮な海の幸を味わ
えるほか、自慢の超炭酸を使
ったハイボールをアレンジし
たお酒も人気。
☎06-6485-7292　⏰11:00〜23:00
（フードLO22:00、ドリンクLO22:
30）　㊡グランフロント大阪に準ずる

↑その日に仕入れた地魚の刺身
などがおすすめ

↑屋台のような雰囲気の食事処

◆南館の前には
広々としたうめ
きた広場がある

地下1階～9階

グランフロント大阪南館
グランフロントおおさかみなみかん

大阪駅寄りの南館には、地下1
階～9階にかけてショップとレスト
ランがずらりと並ぶ。話題のカ
フェやショップなど、流行最前線の
店がオープンし、ブランドの旗艦
店も揃う。

梅田 **MAP** 付録P.10 C-2

◑多くの店舗が入るグランフロント大阪の顔

2階 ●CAFE
ティーブームを牽引する
大人女子の御用達店

TEA ROOM KIKI
紅茶&スコーン専門店
ティールーム キキ こうちゃ&スコーンせんもんてん

2020年11月に誕生した優雅に
紅茶を楽しめるおしゃれなカフ
ェ。フォトジェニックな店内で、
流行りのクリームティーが楽し
め、英国気分を堪能できる。

☎06-6371-8255 🕐11:00～21:00
🏠グランフロント大阪に準ずる

予約	不可
予算	Ⓛ2000円～
	Ⓓ2000円～

◑1杯ずつていねいに注いでくれる
香り高い紅茶を堪能できる

◑イギリススタイルのおしゃれな
ティールーム

◑人気のクリームティーはスコーンと一緒に

特集●進化する巨大ターミナル

7階 ●RESTAURANT
ごちそう鍋で
自慢の大阪うどんを堪能

心斎橋 にし家
グランフロント大阪店
しんさいばし にしや グランフロントおおさかてん

「すきしゃぶ」は特製の出汁で
いただく、すき焼よりあっさり
とした鍋。厳選した牛肉と玉ネ
ギ、新鮮な野菜を、オリジナル
のすき出汁で大阪うどんと卵と
一緒に楽しむ。

☎06-6359-1248 🕐11:00～23:00
(LO22:30) 🏠グランフロント大阪に
準ずる

予約	可
予算	Ⓛ1000円～
	Ⓓ1800円～

◑老舗ならではの落ち着きのある空
間、個室も完備

◑お酒に合うすきしゃぶ5368円。大
阪うどんはおかわり自由

7階 ●RESTAURANT
トッピングを自由に選んで
自分好みの一枚が完成

オモニ

多くの有名人が愛する大阪お
好み焼の名店。キャベツなど
の具材をたっぷりと使い、生
地はつなぎ程度で素材の味を
引き立てている。口に入れる
とふんわりとした食感が楽し
める。

☎06-6485-7662 🕐11:00～23:
00(LO22:00) 🏠グランフロント
大阪に準ずる

予約	可
予算	Ⓛ850円～
	Ⓓ1250円～

◑どこか懐かしい昔ながらの雰囲
気が味を出している

◑豚やイカ、エビ、ホタテなどを
贅沢に使った人気メニューのオモ
二焼き1500円

カウンターなので、丹波地鶏の串を焼き上がったらすぐに食べられる

→一番人気のねぎま450円(左)とせせり500円(右)。オーダーは2本から

←駅からの道は少し入り組んでいると、提灯が目印ですぐに見つけることができる

ミシュラン1ツ星獲得のこだわりの味で贅沢な夜を

あやむ屋
あやむや

予約	可
予算	D 6000円〜

福島 **MAP** 付録P.4A-4

地鶏は、余分な空気が入らないように焼き台に炭を敷きつめ、火力を変えながら焼き上げる。塩の効いたねぎまをはじめ、適度な歯ごたえと旨みがある丹波地鶏を使った串は絶品ばかり。独学で磨き上げた焼鳥の味わいを堪能したい。

☎06-6455-7270
所福島区福島5-17-39 営17:30〜22:00(LO21:15) 休日曜、祝日 交JR福島駅から徒歩5分 Pなし

人気居酒屋で味わい深い料理をいただく

福島の夜は静かに更ける

梅田から一駅。会社帰りに一杯と多くの人々が集まる福島。
細い路地に、数多くの居酒屋が軒を連ね、上質な料理と酒が楽しめる。

あっさりとした鯨のだしが決め手
並んでも食べたいおでん

花くじら 本店
はなくじら ほんてん

福島 **MAP** 付録P.4A-4

なかなかお目にかかることのない「くじら」がメインのおでん屋。数量限定のふわっとやわらかい食感のさえずりや、もちもちしたコロは食べ応えがある。鯨のだしがしみた具は、1品平均100〜200円という安さ。寒い冬には旨みが舌にのってくるだしまで飲み干して温まりたい。

☎06-6453-7486
所福島区福島2-8-2 営16:00〜23:00 休お盆、年末年始 交JR福島駅から徒歩10分 Pなし

→無造作によしずが立てかけられた大衆的な雰囲気

予約	可(2階のみ)
予算	D 2000円〜

←中央のねぎ袋300円はきんちゃくを箸で割り破ると、あっさりしているが味わい深いネギがどろっと出てくる。ほかタコ300円、チーズロールキャベツ300円などがある

大阪観光に欠かせない

大定番スポット ①

大阪の中心に広がる歴史の跡地
大阪城公園
おおさかじょうこうえん

「三国無双」と謳われた大阪城。
戦国時代を見届けた城跡で、その歴史に思いを馳せる。

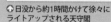

↑日没から約1時間かけて徐々に
ライトアップされる天守閣

四季折々の花々と緑が広がる
歴史のロマンあふれる史跡

　上町台地の北部に位置する、石山本願寺跡に豊臣秀吉が築城した大阪城。現在の天守閣は、昭和6年(1931)に復興し、1997年に大改修されたもの。

　天守閣内部は歴史博物館になっており、最上階の展望台からは大阪の街が一望できる。その天守閣を囲むように整備された総面積105.6haの大阪城公園には、金蔵、多聞櫓などの遺構や豊臣秀吉を祀る豊國神社、西の丸庭園などがあり、緑に囲まれた遊歩道も整備されている。

大阪城 **MAP** 付録P.2C-1
☎06-6755-4146(大阪城パークセンター)
🏠中央区大阪城　🕐休料園内自由(一部施設有料)
🚉各線・森ノ宮駅／JR大阪城公園駅からすぐ　🅿あり

大阪の街の高層ビルの合間
にそびえる歴史ある城郭

豊臣秀吉の夢の跡を歩く

所要
約2時間

安土桃山時代の栄華の痕跡を巡りながら、
秀吉の生きた400年前の歴史を感じたい。

大阪城公園

1 青屋門
あおやもん

大阪城の北に位置する出入口

石山本願寺の時代、この門の付近に青屋町があったことが名の由来とされる。かつては非常口として使われていた。

↑昭和44年(1969)に再建された

2 金蔵 [重文]
きんぞう

徳川幕府が本丸に設けた金庫

徳川幕府の金蔵として現存する唯一の遺構。三重の入口や鉄格子、床に敷きつめられた石など頑丈なつくり。

↑高さ約5.8m、面積は93.11㎡で内部は大小2つの部屋がある

3 天守閣
てんしゅかく

桃山時代の面影を豪華に再現

➡P.42

↑8階の展望台からは大阪の街並みを一望できる

4 蛸石
たこいし

城内最大の巨大石

本丸の入口を守るために置かれた、重さ108tにもおよぶ巨石。

↑雨が降ると表面にタコの姿が浮き出るといわれた

5 桜門 [重文]
さくらもん

天守閣の真南に位置する門

豊臣時代、門前に桜並木があったことからこの名がついた。

↑本丸への正門

6 豊國神社
ほうこくじんじゃ

出世開運のご利益

桜門の正面に鎮座する神社。豊臣秀吉公、秀頼公、秀長卿を祀る。農民から天下人となった秀吉公にあやかり、出世開運の神として信仰を集めている。

MAP 付録P.2 C-1
☎06-6941-0229 ㊟中央区大阪城2-1
㋭休境内自由 ㋘各線・森ノ宮駅から徒歩15分 Ｐなし

↑毎年、秀吉公の命日8月18日に太閤祭を斎行する

↑高い防御能力を備えた大規模な櫓

7 多聞櫓 [重文]
たもんやぐら

現存する多聞櫓のなかで最大規模

高さ約14.7m、総面積710.25㎡。内部に多くの武器を蓄えることができる。

天下統一を成し遂げた風格を誇る

太閤さんのお城へ出陣

5層8階建て、地上高54.8mの天守閣。
愛される大阪のシンボルは、展示や仕掛けが盛りだくさん。

大阪城天守閣
おおさかじょうてんしゅかく

MAP 付録P.2 C-1

☎06-6941-3044 **所**中央区大阪城1-1 **時**9:00～17:00（入館は～16:30、季節により延長あり）**休**無休 **料**600円 **交**各線・森ノ宮駅／JR大阪城公園駅から徒歩15分 **P**大阪城公園の駐車場を利用

注目ポイント
金のシャチホコ
想像上の海獣で口から水を吐き出すことから火除けの意味があるといわれる。

ボランティアガイド
大阪市と大阪観光局が提供する無料ガイド。大阪城公園界隈、上町台地北部地域、ミナミ・キタ界隈など、大阪を効率よくじっくりと観光できる。申込は公式HP（ovgc.jp）より。

注目ポイント
切石の美しい石垣
江戸時代の石積みがほぼ当時の状態で残り、精巧な技術を今に伝えている。

1F 入口 いりぐち

シアタールームでは豊臣秀吉と大阪城に関する番組を上映。ミュージアムショップもある。

こちらも注目です！

緑あふれる城下町を感じて
JO-TERRACE OSAKA
ジョー テラス オオサカ

MAP 付録P.2 C-1

大阪城公園の自然に包まれながら、グルメや買い物が楽しめる施設。大阪を味わえるなごみのテラスは注目。

☎06-6314-6444 **所**中央区大阪城3-1 **時**7:00～23:00（店舗により異なる）**休**無休（店舗により異なる）**交**JR大阪城公園駅からすぐ **P**大阪城公園の駐車場を利用（有料）

↑さわやかな雰囲気のなかで散歩やティータイムを満喫

戦争と平和の資料を展示
ピースおおさか大阪国際平和センター
ピースおおさか おおさかこくさいへいわセンター

MAP 付録P.2 C-1

大阪空襲死没者名簿や戦争体験の記録など、戦争の悲惨さを今に伝える貴重な資料を展示する。

☎06-6947-7208 **所**中央区大阪城2-1 **時**9:30～17:00（入館は～16:30）**休**月曜、祝日の翌日（9～11月を除く）、館内整理日（所定月の月末）**料**250円 **交**各線・森ノ宮駅から徒歩4分 **P**なし

↑戦争の実態を伝える展示から、平和とは何かを考えさせられる

大阪の歴史をまるごと総覧
大阪歴史博物館
おおさかれきしはくぶつかん

MAP 付録P.2 C-2

古代から近現代に至るまでの「都市おおさか」の歴史を、豊富な実物資料や模型、原寸復元、映像によって展示する博物館。

☎06-6946-5728 **所**中央区大手前4-1-32 **時**9:30～17:00（入館は～16:30）**休**火曜（祝日の場合は翌日）**料**600円 **交**地下鉄・谷町四丁目駅からすぐ **P**あり

↑10階にある原寸大に復元された難波宮大極殿は必見

特集●大阪観光に欠かせない大定番スポット

8F 展望台
てんぼうだい

地上50mから、大阪の街並みを一望できる。昔の大阪の風景を観賞できるステレオスコープもある。

7F 豊臣秀吉の生涯
とよとみひでよしのしょうがい

大阪城を築き天下統一を成し遂げた豊臣秀吉の生涯をパネルや映像で解説。

5F 大坂夏の陣図 屏風の世界
おおさかなつのじんずびょうぶのせかい

真田幸村隊と松平忠直隊の激戦をミニチュア人形を駆使し紹介。映像による解説もある。

3F 4F 豊臣秀吉とその時代
とよとみひでよしとそのじだい

黄金の茶室原寸大復元模型や、豊臣秀吉ゆかりの品々など、戦国時代の資料や、大阪城にまつわる資料などを展示している。

⬆ 豊臣秀吉の着用品を復元した、馬蘭後立付兜

2F お城の情報コーナー
おしろのじょうほうコーナー

大阪城や日本のお城について紹介。シャチホコの原寸大レプリカなども展示。復元した戦国武将の兜や陣羽織などの試着体験もできる。

⬆ 歴史資料を参考に真田幸村の兜を作製した、鹿角脇立付兜

大阪城公園

天守閣前の新たなランドマーク
MIRAIZA OSAKA-JO
ミライザ オオサカジョウ
MAP 付録P.2 C-1

昭和6年(1931)に建てられた近代建築をリノベーション。レストランやカフェ、ご当地みやげ店、ミュージアムなどが集結。
☎06-6755-4320 所中央区大阪城1-1 営9:00〜22:00(店舗により異なる) 休無休(店舗により異なる) 交地下鉄・谷町四丁目駅/各線・森ノ宮駅から徒歩15分 P大阪城公園の駐車場を利用

⬆ 目の前には大阪城が見られる公園内の新しいシンボル

桜の名所として知られる庭園
大阪城 西の丸庭園
おおさかじょう にしのまるていえん
MAP 付録P.2 C-2

江戸時代には大坂城代が屋敷を構えた場所に広がる庭園。約300本の桜が植えられ、春には観桜ナイターも開催。
☎06-6941-1717 営9:00〜17:00(11〜2月は〜16:30)入園は各30分前まで 休月曜(祝日の場合は翌平日) 料200円(観桜ナイター期間は350円) 交地下鉄・谷町四丁目駅から徒歩15分 P大阪城公園の駐車場を利用

⬆ 茶室や大阪迎賓館などの見どころも

公園内の野外音楽堂
大阪城音楽堂
おおさかじょうおんがくどう
MAP 付録P.2 C-1

昭和57年(1982)に開館した 緑に囲まれた建物。音楽イベントや講演会など、さまざまな催しに利用されている。
☎06-6947-1197 所中央区大阪城3-11 営見学可(要予約) 休月曜(祝日の場合は翌平日) 交各線・森ノ宮駅から徒歩5分 P大阪城公園の駐車場を利用

⬆ 約3000人を収容できる大きな施設

大阪観光に欠かせない
大定番スポット ②

生命の神秘と尊さにふれる
海遊館 かいゆうかん

約620種、3万点もの海の生き物が暮らす館内。自然体で生活する本物に出会い、命の感動とエンターテインメントを肌で感じよう。

巨大水槽で見るジンベエザメの姿に驚嘆
飛び回るように水中を泳ぐペンギンたちも

　天保山ハーバービレッジにある、国内外によく知られる巨大水族館。8階建ての施設で、環太平洋各地の海を再現、そこに生息する海洋生物や動物を、さまざまな趣向・工夫を凝らして見せてくれる。

　約40枚のアクリルパネルが使用されている「太平洋」水槽では最大長34m、深さ9m、水量5400tの大きなスペースを、ジンベエザメや大型のエイなどが悠々と泳ぐ姿を存分に観察できる。17時から見られる「夜の海遊館」や、漆黒の空間にクラゲが浮かび上がる「海月銀河」も話題となっている。

ベイエリア MAP 付録P.19 E-4

☎06-6576-5501 所港区海岸通1-1-10 開10:00〜20:00(変動あり、入館は閉館の1時間前まで) 休不定休 料16歳以上2700円、子供(小・中学生)1400円、幼児(3歳以上)700円※変動あり 交地下鉄・大阪港駅から徒歩5分 Pあり

ベイエリアのシンボル。周辺には商業施設や観覧車もある

巨大なジンベエザメが
悠々と泳ぐ

お役立ち information

巡り方のコツ
海遊館の入口は3階にあり、トンネル型水槽の「魚のとおりぬけ・アクアゲート」をくぐる。そこからエスカレーターで8階へ。順路どおりに、各階を下りて巡る。期間限定の企画展示コーナーにも立ち寄りたい。約2時間半ほどで館内をまわることができる。

館内設備
館内4階のcafe R.O.Fは、「日本海溝」水槽の奥にあるカフェ。一部客席では、水槽を眺めながらゆっくり過ごすことができる。みやげを選ぶなら3階の「海遊館オフィシャルショップ」か、2階の「海遊館オフィシャルミュージアムショップ」を忘れずに。エントランスビル2階のトイレでは、授乳室などを備えたベビールームも完備。

企画展示「ぎゅぎゅっとキュート」
「カタチやモヨウ」が特徴的な、かわいくてキュートな生き物を"ぎゅぎゅっ"と集めた企画展示「ぎゅぎゅっとキュート」を開催中。
●場所　海遊館5階企画展示室
●料金　海遊館入館料に含む
※海遊館の営業時間に準ずる。季節などにより変更の場合あり

海遊館の人気スポット
生き物の暮らしや海の環境を知る

3F 北極圏
ほっきょくけん
北極圏の生息環境を忠実に再現。ワモンアザラシが天井ドーム型水槽で泳ぐ姿を観察できる。
お食事タイム 10:40／16:30

※2024年3月下旬までリニューアル工事中

MAP 16

4F フォークランド諸島
フォークランドしょとう
荒々しい波の岩礁地帯を再現。オープン型水槽なので、間近でイワトビペンギンを見ることができる。
お食事タイム 11:40／16:30

MAP 17

4F 環境コーナー
かんきょうコーナー
2019年、「未来の環境のためにできること」というコーナーを設置。地球規模の海洋環境問題となっている使い捨てプラスチックごみについて考え、SDGs（持続可能な開発目標）やエシカル消費などを学ぶことができる。また、「未来の環境のためにできること」の取り組みの1つとして、館内のオフィシャルショップで使用するショップ袋をプラスチック製から紙製に変更している。

MAP 18

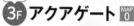

地上から海底へ。中心には「太平洋」の海

太平洋を巡る海旅

展示水槽の配置は
環太平洋の地理関係を忠実に再現。

（フロアマップ）

- 日本の森 ... 1
- 8F
- 南極大陸 ... 6
- エクアドル熱帯雨林 ... 5
- 7F
- モンタレー湾 ... 3
- アリューシャン列島 ... 2
- パナマ湾 ... 9
- 太平洋 ... 4
- 瀬戸内海 ... 10
- 6F
- 企画展示コーナー
- 北極圏（海上）
- 4F
- 環境コーナー ... 18
- フォークランド諸島 ... 17
- チケット窓口
- 入館ゲート
- 3F
- 海月銀河 ... 15
- チリの岩礁地帯 ... 16
- 企画展示室
- 5F
- 特設水槽 ... 14
- 3F
- ジンベエザメ写真撮影コーナー
- オフィシャルショップ
- サービスカウンター
- 海遊館
- クック海峡 ... 13
- 4F
- タスマン海 ... 7
- 出口
- 日本海溝 ... 8
- cafe R.O.F
- グレート・バリア・リーフ ... 8
- アクアゲート ... 0
- 海遊館ホール
- AED
- 2F
- 海遊館オフィシャルミュージアムショップ
- ドリンクスタンド SEA SAW
- 観光船サンタマリアのりば
- ※2024年9月までリニューアル工事中

入館 目の前に広がるブルーの世界

3F アクアゲート MAP 0

全長11mのトンネルは、まるで透明な海底トンネルのよう。ここが環太平洋を巡る旅への入口。

エスカレーターで、太陽光が降り注ぐ最上階へ

8F 日本の森 MAP 1
にほんのもり

日本の森林を再現。水辺の生物や渓流の魚類、森の生態系を展示している。

コツメカワウソ
小さな爪のある前あしが特徴的な、小型のカワウソ
お食事タイム
11:30／13:30／15:45

アマゾン川流域の熱帯雨林

7F エクアドル熱帯雨林 MAP 5
エクアドルねったいうりん

ピラルクやピラニアなどアマゾン川流域に暮らす生き物を展示する。

ピラルク
1億年以上も前から姿を変えずに生息していると考えられている

アメリカ西海岸の岩場

7F モンタレー湾 MAP 3
モンタレーわん

海棲哺乳動物の多いエリア。アシカとアザラシの陸上・水中の姿を観察できる。

お食事タイム
10:10／13:35／15:10

カリフォルニアアシカ
大人のオスは体重が300kg以上にもなる

ナンヨウハギ
青・黒・黄という体色は特徴的で見つけやすい

ハタタテダイ
白黒の縞模様で、旗のような鰭を持つ

セグロチョウチョウウオ
背の後方にある大きな黒い模様が特徴

ニュージーランド周辺の海

7F タスマン海 MAP 7
タスマンかい

温暖水域に生息するカマイルカを展示する。元気いっぱいに泳ぎまわる姿を見ることができる。

お食事タイム
11:50／14:00／16:00

カマイルカ
背びれの後方が白く鎌のように見える

世界最大のサンゴ礁

7F グレート・バリア・リーフ MAP 8

世界遺産にもなっているグレート・バリア・リーフ。精巧に再現したサンゴ礁の中をカラフルな魚が泳ぐ。
※2024年9月までリニューアル工事中

※お食事タイムは生き物などの都合により時間を変更、または中止する場合があります。

（左縦帯）特集●大阪観光に欠かせない大定番スポット

ジンベエザメ
白い斑点が特徴的な、世界最大の魚類

イトマキエイ
水中を飛んでいるかのように美しく泳ぐエイ

注目ポイント
巨大水槽のヒミツ
ガラスはアクリルガラス。そのため厚さ30cmでも歪むことなく見られる。

地球表面の1/3を占める世界最大の海

6F 太平洋 MAP9 お食事タイム 10:30／15:00
（たいへいよう）
深さ9m、最大長34mの大水槽で太平洋を表現。ダイナミックに泳ぐジンベエザメやエイなどが見られる。

ニュージーランドの海峡
5F クック海峡 MAP13
（クックかいきょう）
冷たく、栄養分に富んだ海水が特徴的なエリア。そこで強く生きるウミガメや魚類を展示している。

太陽の光が届かない神秘の世界
4F 日本海溝 MAP14
（にほんかいこう）
水深200〜400mという深海にいる世界最大のカニ、タカアシガニを中心に、深海の生き物を展示している。

タカアシガニ
脚を広げると3m以上にもなる

アオウミガメ
アマモなどの海草やツノマタなどの海藻類を食べている

ブルーマオマオ
鮮やかなブルーの輝きが美しい

ポーキュパインフィッシュ
ヤマアラシのように全身が棘で覆われている

漆黒の空間に浮かび上がるクラゲたち
3F 海月銀河 MAP15
（くらげぎんが）
クラゲの美しい模様やふわふわの浮遊感、生命感を空間全体で感じることができる。

ミズクラゲ
ポピュラーなクラゲ

海遊館のおみやげ
海の生き物たちの
オリジナルグッズを持ち帰ろう

オウサマペンギン3変化（オス・メス）
3300円
卵→ヒナ→成鳥へと3変化するオウサマペンギンのぬいぐるみ

OMOSHIROI BLOCKMEMO 海遊館
1万1000円
ブロックメモを1枚ずつ引き抜くと海遊館の建物が残る

海遊館

大阪観光に欠かせない

大定番スポット③

昭和45年（1970）の大阪万博にお披露目され、愛され続ける「太陽の塔」

1970年大阪万博の跡地
万博記念公園
（ばんぱくきねんこうえん）

大阪万博が開催された地では、当時を知る太陽の塔やパビリオン、四季折々の花が迎えてくれる。施設内にはEXPOCITYも誕生し、さらに進化を続けている。

特集●大阪観光に欠かせない大定番スポット

万博跡地に「太陽の塔」が今もそびえる公園
3月下旬から開花する桜並木も人気

　昭和45年（1970）に開催された日本万国博覧会（大阪万博）の会場跡地に整備された、緑に包まれた文化公園。約260haの広大な敷地には、さまざまなタイプの文化施設や自然施設、スポーツ施設、レジャー施設、広場などが設けられ、特に「庭園の博物館」ともいわれる約26haの日本庭園はじっくり鑑賞したい。2015年には園内に大型複合施設「EXPOCITY」も開業し、ショッピングにも便利。アジサイやヒマワリ、コスモスなど、園内では四季折々の花を楽しめる。桜の名所としてもよく知られ、開花期には9種類、約5500本が妍を競う。

◆大阪万博の遺産であるイサム・ノグチの作品を見ながら夢の池のサイクルボートでのんびり進む

吹田市 **MAP** 本書P.2A-1

☎06-6877-7387（万博記念公園コールセンター）所吹田市千里万博公園 開9:30〜17:00 休水曜（季節により異なる）料260円、小・中学生80円（自然文化園と日本庭園の共通料金、そのほか施設により異なる）交大阪モノレール・万博記念公園駅からすぐ Pあり

48

公園のシンボル、太陽の塔

芸術家・岡本太郎氏がデザイン。大阪万博のテーマ館の一部として建造された。過去・現在・未来を貫いて生成する万物のエネルギーの象徴であると同時に、生命の中心・祭りの中心を表したものとされている。博覧会終了後にテーマ館は撤去されたが、「太陽の塔」は50年経った今も健在。

黄金の顔
おうごんのかお
塔の頭部。金色に輝き、「未来」を象徴する。目玉の直径は2mもある。

太陽の塔の内部
たいようのとうのないぶ
料720円、小・中学生310円
URL taiyounotou-expo70.jp
※要事前予約、詳細はホームページ参照

2018年3月、太陽の塔の内部一般公開が開始した。大阪万博当時に展示されていた『生命の樹』の生物群や『地底の太陽』とともに再生・復元され、見学が再開。音響や動線にまでこだわりぬいた太陽の塔の内部は、全体がひとつのミュージアムとして建築されており、制作者・岡本太郎の個性的な世界観を見事に表現している。

↑『地底の太陽』には岡本太郎が愛した土偶をかたどった展示も

↑太陽の塔の腕も見学できる

↑内部の中心にある『生命の樹』

太陽の顔
たいようのかお
塔の中央部にあり、「現在」を象徴する。特徴のある独特の顔はインパクト大。

黒い太陽
くろいたいよう
塔の背面に描かれており、「過去」を象徴する。長く伸びる炎が印象的。

↑わくわく池の冒険ひろばには、子どもが遊べる遊具がたくさん

見学information

アクセス
最寄り駅は大阪モノレールの「万博記念公園駅」または「公園東口駅」。公園内は広いので、万博記念公園駅近くの万博記念公園インフォメーションセンターで園内マップを手に入れ、効率よく散策できるようにしたい。駐車場は公園付近に5カ所ある。それぞれの混雑状況は公園のホームページに載っているので確認を。

観光のポイント
●甲子園65個分という広さなので散策は計画的に
●大阪万博の跡地は興味のあるものを事前にチェック
●公園のさまざまな場所で行われるイベントも見逃せない

森のトレイン
自然文化園エリアを周遊している。4・5・10・11月は毎日運行、3・9月は土・日曜、祝日のみ運行、1・2・6・7・8・12月は運休。乗車料金300円(3歳以上)
※2023年12月末現在

↑風景を見ながら、広い園内をのんびり巡ることができる

休憩スポット
四季の花を楽しめる花壇と、安らぎの空間でくつろげる定番の人気カフェでひと休み。大地の池をのんびりと眺められる気持ちのいいオープンテラス席が完成し、ますます心地よい時間を過ごせる。

↑自然文化園にあるPark Cafe。ガラス越しに花壇が見える

オリジナルグッズ
万博記念公園駅からすぐのところにあるインフォメーションセンターでは、太陽の塔グッズを販売。キーホルダーやフィギュア、スマホケースなどがおすすめだ。EXPO'70パビリオン内にあるミュージアムショップでは大阪万博グッズを購入することができる。記念メダルや、初代「黄金の顔」を使ったコインカードなど、ここでしか手に入らないものばかりだ。

万博記念公園

万博記念公園をお散歩

公園には、庭園や文化施設など、数多くの立ち寄りスポットがある。目的に合わせて散策したい。

1 太陽の塔 →P.49
たいようのとう

巨大なモニュメントがお出迎え

↑間近で見学するとその大きさに圧倒される

↑1970年当時に実際に「太陽の塔」に設置されていた「黄金の顔」が展示されている

2 EXPO'70パビリオン
エキスポななじゅうパビリオン

大阪万博の記念館としてオープン

大阪万博の出展施設だった「鉄鋼館」をリニューアル。パビリオンの模型や写真、ホステスユニフォームなどを公開。
☎06-6877-7387 所吹田市千里万博公園 営10:00～17:00(入館は～16:30) 休水曜(祝日の場合は翌日) 料500円 交大阪モノレール・万博記念公園駅／公園東口駅から徒歩15分 Pあり

3 大阪日本民芸館
おおさかにほんみんげいかん

テーマは「生活のなかの美」

人々の暮らしに密着した陶磁器、染織品など新旧の民芸品を日本全国から収集。6000点以上の収蔵品から展示を行う。
☎06-6877-1971 所吹田市千里万博公園10-5 営10:00～17:00(入館は～16:30) 休水曜(祝日の場合は開館) 料710円 交大阪モノレール・公園東口駅から徒歩15分 Pあり

↑万博ではパビリオンだった建物

5 国立民族学博物館
こくりつみんぞくがくはくぶつかん

世界一周旅行の気分で巡ろう

世界の諸民族の社会と文化を学べる、世界最大級の民族学博物館。9つの地域展示と音楽や言語の通文化展示で構成されている。
☎06-6876-2151 所吹田市千里万博公園10-1 営10:00～17:00(入館は～16:30) 休水曜(祝日の場合は直後の平日) 料580円 交大阪モノレール・万博記念公園駅／公園東口駅から徒歩15分 Pあり

↓実際に太平洋を航海したチェチェメニ号

愛称は「みんぱく」。特別展も随時開催

↑収蔵資料は約34万5000点と膨大な数だ

4 日本庭園
にほんていえん

昭和の名園を散策

万博開催時、日本の出展施設として造られた庭園。4つの時代の造園様式で作庭されている。
☎06-6877-7387(万博記念公園コールセンター) 所吹田市千里万博公園 営9:30～17:00(入園は～16:30) 休水曜(祝日の場合は翌日) 料260円(自然文化園と共通) 交大阪モノレール・公園東口駅から徒歩15分 Pあり

↑大名庭園を模して造られた心字池

6 自然文化園
しぜんぶんかえん

池や小川などが配された広い公園

太陽の塔を中心に東西に散策路が広がる。ソメイヨシノをはじめ四季折々の花を楽しむことができる。
☎06-6877-7387(万博記念公園コールセンター) 所吹田市千里万博公園 営9:30～17:00(入園は～16:30) 休水曜(祝日の場合は翌日) 料260円(日本庭園と共通) 交大阪モノレール・万博記念公園駅から徒歩5分 Pあり

↑チューリップの花園では4月中旬～下旬にかけて10万本のチューリップが広場一面に咲き誇る

大阪モノレール彩都線

迎賓館

④ 日本庭園

あじさいの森
たんご坂

森の舞台
春の泉
野鳥の森
水芭の池

花の丘 ●はなのおか
自然文化園で最も標高が高い展望所にある。丘の裾野にはポピーやコスモスなどが咲く。

中央休憩所

心字池

夏の花八景
●なつのはなはっけい
敷地内に、8つのテーマの庭を仕立て、さまざまな花や草木を植栽している。

国立民族学博物館 ⑤

平和の
バラ園

下津道

はす庵 Ｒ はす池

③ 大阪日本民芸館

西大路

砂ましの池
せせらぎ広場

P

出口

公園東口駅

砂の広場 Park Cafe Ｃ

大地の池

夢の池

花の丘
★

⑥ 自然文化園

バーベキュー広場

東の広場

★ **遠見の丘**

自然観察学習館
けやきの丘
★

お祭り広場
下の広場

ソラード

もみじの池

太陽の塔 ①

東大路

EXPO'70パビリオン ②

ソラード
森の空中観察路。木の上の散策路や展望タワーなどから森を立体的に観察できる。

森の足湯

千里橋通

上の広場

夏の花八景 ★

世界の森

水車茶屋

太陽の広場
中央口

調和橋

中国吹田IC

万博記念
公園駅

中央橋

大阪中央環状線

中国自動車道

千里橋

大阪モノレール

Redhorse
OSAKA WHEEL

EXPOCITY P P

遠見の丘 ●とおみのおか
砦のような形の展望タワーが立つ丘。展望タワーからは周辺の景色が一望できる。

空の広場

ANIPO
OSAKA ENGLISH VILLAGE

109シネマズ大阪エキスポシティ

野球場

SC ららぽーとEXPOCITY

けやきの丘 ●けやきのおか
ケヤキ並木が続く、爽やかな丘。砂の広場まで続く並木道をのんびり歩きたい。

ホテル阪急
エキスポパーク Ｈ

万博記念ビル

P

パナソニック
スタジアム吹田

森の足湯 ●もりのあしゆ
公園内の間伐材を利用した足湯。園内で採れた植物を浮かべるイベントも不定期に開催。

万博記念公園

注目の人気スポット

日本最大級の大型複合施設、EXPOCITY エキスポシティ

「遊ぶ、学ぶ、見つける楽しさをひとつに！」をテーマした大型複合施設。体験型のエンターテインメント施設やシネコン、ショップなどが集結している。

吹田市 MAP 本書P.2A-1
☎06-6170-5590（代表／10:00〜18:00）
働休働施設によって異なる 交大阪モノレール・万博記念公園駅から徒歩2分 Ｐあり

↻ 多彩なエンターテインメント施設とショッピングモールが集結する

↻ 約300店舗のららぽーととEXPOCITYで買い物も遊びも両方満喫できる

↻ ららぽーとEXPOCITY3階のフードコートは、プレミアムラウンジやファミリーゾーンなど多彩な空間を用意

↻ 高さ日本一、123mの大観覧車、生きているミュージアム「NIFREL」などの人気施設が

大定番スポット ④

盛りだくさんのエンターテインメントを楽しもう！

ユニバーサル・スタジオ・ジャパン

さまざまなキャラクターとコラボしたアトラクションや、
期間限定のイベントも大盛況。圧倒的な迫力で、
どんどん進化するパークから目が離せない。

⬆入口近くにあるユニバーサル・グローブ

人気キャラクターたちがパークで待ち受ける
大人も夢中になってしまうテーマパーク

アメリカの都市をイメージした街並みや、ハリウッドの超大作をテーマにしたライド、人気キャラクターのショーなど、多彩なエンターテインメントが詰まったテーマパーク。「ミニオン・パーク」や「ウィザーディング・ワールド・オブ・ハリー・ポッター」に続き、2021年に登場した"誰もがマリオになれる！"「スーパー・ニンテンドー・ワールド」など、進化し続けるパークから目が離せない。

ベイエリア **MAP** 付録P.19 E-3

☎0570-200-606　🏠此花区桜島2-1-33　🈺無休　🚃JRユニバーサルシティ駅から徒歩3分　🅿あり　※新型コロナウイルスの影響により、営業時間、チケットの販売状況は予告なく変更されることがあります。事前に公式HPでご確認ください。

⬇初登場のポケモンをはじめ、パークの仲間たちが勢ぞろいする「NO LIMIT! パレード」。賑やかなフロートと音楽で思わず体が動き出す！

⬆2024年春に新エリアが誕生し「スーパー・ニンテンドー・ワールド」の面積が約1.7倍に拡張する

画像提供：ユニバーサル・スタジオ・ジャパン　WIZARDING WORLD and all related trademarks, characters, names, and indicia are © & ™ Warner Bros. Entertainment Inc. Publishing Rights © JKR. Minions and all related elements and indicia TM & © 2024 Universal Studios. All rights reserved.
© Nintendo　©2024 Pokémon.　©1995-2024 Nintendo/Creatures Inc./GAME FREAK inc.　TM and © 2024 Sesame Workshop
© 2024 Peanuts Worldwide LLC　© 2024 SANRIO CO., LTD.　APPROVAL NO. EJ3020101
TM & © Universal Studios. All rights reserved.

ユニバーサル・スタジオ・ジャパンMAP

アメリカ西海岸をイメージ
サンフランシスコ・エリア
フィッシャーマンズワーフを中心とした、開放的な雰囲気の港町。

映画の世界をそのままに
ジュラシック・パーク
『ジュラシック・パーク』の舞台を再現したジャングルの景色が広がる。

大人気エリアがますます進化
ミニオン・パーク
いたずら好きのミニオンたちが、町じゅうにあふれるハチャメチャエリア。

ゲームの世界で遊ぼう!
スーパー・ニンテンドー・ワールド
世界初登場のマリオシリーズのテーマエリア。最先端の楽しみがいっぱい。

映画の主人公になってみよう
ニューヨーク・エリア
1930年代のニューヨークをイメージ。路地に入れば、往年の名作に登場した場所も!

びしょ濡れ注意の大迫力!
ウォーターワールド
大興奮のスタントショーを楽しめる。火柱や水しぶきが上がり迫力満点!

新エリアの「ドンキーコング・カントリー」

キッズのパークデビューはこちら
ユニバーサル・ワンダーランド
子どもが喜ぶアトラクションがたくさんあり、子どもも大人も楽しめるエリア。

ハンギングジョーズと記念撮影
アミティ・ビレッジ
映画『ジョーズ』の舞台となった田舎町。のんびりとした雰囲気が広がる。

ハリウッドの雰囲気が味わえる
ハリウッド・エリア
映画スタジオやビバリーヒルズの街並みを忠実に再現した賑やかなエリア。

魔法の世界を体験しよう
ウィザーディング・ワールド・オブ・ハリー・ポッター
大迫力のホグワーツ城や、魔法使いの住むホグズミード村が広がる。

待ち時間はこれでチェック!
メルズ・ドライブインの前と、ジュラシック・パークとサンフランシスコ・エリアを結ぶ橋付近に、待ち時間を表示するスタジオ・インフォメーションがある。ほかにも、各アトラクションの待ち時間がリアルタイムで表示される公式スマホアプリも便利。GPS機能を利用した現在地の把握や、ショーのスケジュール確認もできる。

※本掲載情報は、2024年1月末時点のものです。アトラクションやイベント、レストランやショップのメニュー・価格などは予告なく変更する場合があります。天候や時間により営業しない店舗がありますので、あらかじめご了承ください。

お役立ちinformation

チケット
入場券は1デイ・スタジオ・パスや2デイ・スタジオ・パスのほか、1日目の15:00から入場できる1.5デイ・スタジオ・パス、15:00から入場できるトワイライト・パスがある。公式ファンクラブ「Clubユニバーサル」会員限定のお得なバースデー・パス、年間パスも。パークのチケットブースのほか、WEBチケットストアやローソンなどでも購入可能。
●1デイ・スタジオ・パス
大人8600円〜、子供5600円〜、
シニア7700円〜
(入場日により価格が異なる)

エクスプレス・パスが便利
アトラクションの待ち時間を短縮できる便利なチケット。パスの種類によって入場を確約するアトラクション、選べるアトラクション、数が異なる。イベント限定のアトラクションを対象としたパスも期間限定で発売されることもある。スタジオ・パスは別途購入する必要あり。

無料でできる待ち時間短縮方法
●シングルライダー
ライドにできた1人分の空席に搭乗するシステム。ハリウッド・ドリーム・ザ・ライドなど9カ所で設定されている。
●チャイルドスイッチ
身長制限などでアトラクションを利用できない子どもが一緒の場合、1回分の待ち時間で保護者が交互にアトラクションを利用できるシステム。

「よやくのり」を活用しよう!
ユニバーサル・ワンダーランドではライドの利用時間を予約できる「よやくのり」が利用できる。公式アプリなら来場当日、どこでも取得可能なほか、各アトラクション近くの発券所で取得。利用時間を指定して発券・予約ができる。利用時間までは、プレイランドやアスレチックで遊んだり食事やショッピングなど、ほかの体験ができる。効率よくパークをまわれる。
●「よやくのり」利用方法
①スタジオ・パスを持ってユニバーサル・ワンダーランド内の利用したいアトラクションへ
②時間を指定して「よやくのり」チケットを発行
③予約時間になったら専用の入口からアトラクションへ

多様なサービスをチェック
●コインロッカー
ユニバーサル・ワンダーランドに出し入れ自由の(有料)ロッカー、ハリウッド・エリアに1回限りのロッカーがある。パーク外には大型のロッカーもある。
●ベビーカーのレンタル
エントランスを入って右側のカウンターで受付。1人用1100円。

↑ピーチ城やクッパ城などもあるエリアでは、マリオ＆ルイージと会話ができる「ミート＆グリート」も開催

夢が詰まった最新エリアで遊びたい！

スーパー・ニンテンドー・ワールド™

任天堂が誇るキャラクターたちや、世界観をテーマにしたエリア。最新鋭のテクノロジーにより再現されたゲームの世界で、アソビの本能を解き放とう！

世界で唯一のレストラン

キノピオ・カフェ

「シェフキノピオ」が腕をふるう、遊び心満載のハッピーなレストラン。キャラクターを描いたグルメや、ストーリー性にあふれた店内演出に注目しながら休憩したい。

↑ハテナブロック・ティラミスなど特別なメニューが並ぶ

ゲームの世界に入り込むライド

マリオカート
～クッパの挑戦状～

身長制限 122cm以上（付き添い者同伴の場合は107cm以上）

「マリオカート」をテーマにした世界初のライド・アトラクションが誕生。ゲストはヘッドセットをつけてカートに乗り、限界のない興奮とスリルを味わいながら、コースを駆け抜ける。ゲームでおなじみの大魔王クッパが潜む「クッパ城」もリアルに再現されている。

↑エリアのシンボルのひとつで、「マリオカート」のアトラクションが入る「クッパ城」

↑実際にハンドルを握ってマリオカートに乗車。コースを滑走！

ミニオン・パーク

映画「ミニオンズ」の世界観を全身で体感できるエリア。映画で表現される、予測不能でいたずらが好きなミニオンと一緒に「ハチャメチャ」体験を!

大興奮のライド体験!
ミニオン・ハチャメチャ・ライド

身長制限 122cm以上(付き添い者同伴の場合は102cm以上)

ドームスクリーンの映像で、ミニオンのハチャメチャな世界がリアルに感じられるライドアトラクション。

⊕ミニオンが目の前に飛び出す臨場感あふれるライド

予測不能な動きの氷上レースに挑戦
ミニオン・ハチャメチャ・アイス

身長制限 122cm以上(付き添い者同伴の場合は92cm以上)

巨大凍らせ銃でアイスリンクを出現させたミニオンと、製氷車(ビークル)に乗り込んで氷上レース!製氷車を走らせて、あっちへツルツル、こっちへツルツル、予測不能にハチャメチャ全開な体験をしよう。

⊕巨大凍らせ銃が発射されるなどハチャメチャな展開に注目

ウィザーディング・ワールド・オブ・ハリー・ポッター

木々が囲むパークの一角は、不思議に満ちた魔法の世界。登場人物の一人になったつもりで、ハリー・ポッターの世界を満喫しよう!

家族みんなで楽しめる空中散歩
フライト・オブ・ザ・ヒッポグリフ

身長制限 122cm以上(付き添い者同伴の場合は92cm以上)

「ヒッポグリフ」の背に乗り込む形のローラーコースター型アトラクション。上空からホグズミードの街並みを見渡すことができるのも魅力。

⊕オオワシの頭と馬の胴体を持つ「ヒッポグリフ」

ユニバーサル・スタジオ・ジャパン

行き帰りの立ち寄りスポット
ユニバーサル・シティウォーク大阪でお買い物

ユニバーサル・スタジオ・ジャパンに隣接する、個性豊かなグルメ&ショッピングスポット。歩くだけでワクワクするようなアメリカンテイストあふれる街並みで、みやげ探しや食事にぴったり。

ベイエリア MAP 付録P.19 E-3

☎06-6464-3080
⌖此花区島屋6-2-61
⏰3F 10:00〜22:00、4Fグッズ11:00〜22:00、4・5Fレストラン11:00〜23:00 ※店舗・季節により異なる
⊗無休
🚉JRユニバーサルシティ駅からすぐ
🅿あり

4F TAKOPA

タコパ

食い倒れの街、大阪が自信を持っておすすめする6店舗が集結。元祖たこ焼、明石焼、創作たこ焼などいろいろな味を楽しめる。

⏰11:00〜22:00

5F ババ・ガンプ・シュリンプ

映画『フォレスト・ガンプ』をテーマにしたエビを中心としたアメリカン・シーフード・レストラン。南部の料理は、シェアして食べるのが◎。

⏰11:00〜23:00

3F ポップコーンパパ

日本で初めてのポップコーン専門店。なかなか味わえない風味など、32種類の味が揃うポップコーン屋さん。

⏰9:00〜22:00

大阪の街を天空から見る

OSAKA絶景 昼と夜

大阪平野の各所に超高層ビルが林立し、遠くには生駒や六甲の山並みが霞む。
夜には一帯が光で埋め尽くされ、壮麗な輝きを見せる。大阪が誇る絶景を見に行きたい。

さきしまコスモタワー展望台

さきしまコスモタワーてんぼうだい

ベイエリア **MAP** 本書P.2C-2

地上からエレベーターとエスカレーターで、地上252mの高さまで一気に上りきる。全面ガラス張りの360度展望フロアから遠く淡路島、明石海峡大橋まで一望。夜には宝石をちりばめたような、きらびやかな夜景が楽しめる。

住住之江区南港北1-14-16　交南港ポートタウン線・中ふ頭駅から徒歩5分／トレードセンター前駅から徒歩3分

壮大な大阪の街を一望する
地上252mの全方位展望台

輝きを放つロマンティックな水辺の街。空気の澄んだ日に訪れたい

OSAKA絶景 昼と夜

湾岸のコスモスクエア地区にある
55階の展望台からの眺めは格別

57

すぐ目前に大きな淀川が流れ、遠くには六甲山系が控える

天空に浮かぶ「空中庭園」
五感で感じる壮大な景色

夕紅に染まる大阪湾の水平線が美しい

ここから見ています

梅田スカイビル 空中庭園展望台
うめだスカイビル くうちゅうていえんてんぼうだい

梅田 **MAP** 付録P.10A-1

2棟のビルを地上173mで連結した「空中庭園展望台」はオープンエアで360度の絶景が楽しめる。夜は蓄光石を敷き詰めた"星の遊歩道"「ルミ・スカイ・ウォーク」が光り輝く。

幻想的な輝きを見せる「ルミ・スカイ・ウォーク」

☎06-6440-3855
所北区大淀中1-1-88 梅田スカイビル　開9:30〜22:30(最終入場22:00)　休無休(特別営業日あり)　料1500円
交JR大阪駅から徒歩7分　Pあり

ここから見ています

あべのハルカス ➡P.86

あべの **MAP** 付録P.18C-3

2014年開業の、高さ300mを誇る超高層複合ビル。あべのハルカス最上部は展望フロアになっており、あべのハルカス最上部からの爽快な絶景を堪能できる。

大阪のきらめく夜景が目の前に広がる

街がミニチュアに見える
高さ300mの超高層複合ビル

高さ300mから大阪の街並みを見渡せる

多くの人が約100年にわたって眺めてきた景色は感慨深いものがある

新世界の中心に建つ通天閣は
今も昔も大阪の展望名所

ここから見ています

通天閣 ➡P.83
つうてんかく

新世界 **MAP** 付録P.18A-2

一度は火災に遭い再建されたが、1世紀以上にわたり、大阪のシンボルとして親しまれている展望タワー。展望台以外にもユニークな施設が揃う。

街との距離が近く、見晴らしも良いので、夜景に臨場感がある

風の広場から梅田ス
カイビル方面を望む

大阪駅直結でアクセス抜群
風が気持ちいい屋外展望広場

HEP FIVE

ここから見ています

ヘップ ファイブ

梅田の街を見守る
観覧車が素敵

梅田 **MAP** 付録P.11 E-2

赤く大きな観覧車が目印の複
合商業施設。7階から乗車で
き、天気が良い日は大阪城や
生駒山が一望できる。

☎06-6313-0501　**所** 北区角田町
5-15　**営** 11:00～21:00（レストラ
ンは～22:30、アミューズメントは～
23:00、観覧車の最終搭乗22:45）
休 不定休　**料** 600円（5歳以下無料）
交 JR大阪駅から徒歩4分　**P** なし

昼と夜とでまったく違う
大阪の街を一望できる

ビルの上に立つ大観覧車で
のんびり約15分間の空中散歩

大阪ステーションシティ ➡P.32

ここから見ています

おおさかステーションシティ

梅田 **MAP** 付録P.10 C-3

大阪駅直上の大規模施
設、大阪ステーション
シティには眺めの良い
広場が点在。おすすめ
はノースゲートビルデ
ィング11階の風の広
場。広がる大パノラマ
にグランフロント大阪
や梅田スカイビルが屹
立する。

ノースゲートビルディング
11階の風の広場。テーブ
ルやベンチが置かれ、ゆっ
くりとくつろげる

展望スポットMAP

大阪ステーションシティ

梅田スカイビル
空中庭園展望台

大阪駅

HEP FIVE

大阪湾　　淀川　　キタ　　・大阪城

京セラドーム大阪・　・アメリカ村

　　　　　ミナミ　　通天閣

天保山大観覧車・　天王寺駅

あべのハルカス

さきしまコスモタワー展望台

OSAKA 絶景 昼と夜

59

輝くシティビューとともに
素晴らしい展望のカフェ&ダイニング

ロマンティックな時を過ごすなら、展望スポットでの食事を。大都会のパノラマが素敵に演出してくれる。

特集●大阪の街を天空から見る

NYスタイルの絶景スポット

夜には眼下に広がる大阪・梅田の夜景を堪能

The 33 Tea & Bar Terrace
ザ サーティスリー ティー & バーテラス

梅田 **MAP** 付録P.4 B-3

ブリーゼブリーゼ最上階、壮大なパノラマが広がる空間で特別な時間を。ウエディングスペースのラウンジも兼ねているので、営業時間は事前に要確認。

☎06-6347-8633
所北区梅田2-4-9 ブリーゼブリーゼ33F
営11:00～16:00(LO15:00) 17:00～22:00(LO20:00) 休不定休
交JR大阪駅から徒歩5分 Pあり

⬆ディナータイムはユーススタイル。アニバーサリープランもある

予約	望ましい
予算	Ⓛ1870円～
	Ⓓ5500円～

39階から見下ろす夜景

天気が良い日には、神戸や明石海峡大橋まで望むことができる

スカイラウンジ スターダスト

梅田 **MAP** 付録P.10 A-1

梅田スカイビルのバー。オリジナルカクテルやワインを片手に、夜景が満喫できる。創作イタリアンなど、しっかりした食事もありディナーにも対応可。

☎06-6440-3890
所北区大淀中1-1-88 梅田スカイビル39F 営17:00～22:30(フードLO21:00、ドリンクLO22:00)
休不定休 交JR大阪駅から徒歩7分 Pあり

⬆さまざまな特徴を持ったオリジナルカクテルを用意

予約	可
予算	Ⓓ1万円～

ホテル最上階からの絶景ビュー

周囲に並ぶ高層ビル群を眺めながら過ごす

40 Sky Bar & Lounge
フォーティースカイ バー & ラウンジ

中之島 **MAP** 付録P.12 A-3 ➡P.148

コンラッド大阪の最上階にあるラウンジ。地上200mからの特別感あふれる絶景を眺めながら、カクテルや軽食を楽しめる。

☎06-6222-0111
所北区中之島3-2-4 コンラッド大阪40F
営10:30～深夜(アフタヌーンティーは～18:00)
休無休 交地下鉄・肥後橋駅直結 Pあり

⬆バーカウンターで洗練されたひとときを

予約	可
予算	Ⓛ5000円～
	Ⓓ8000円～

日本の摩天楼にふさわしい絶景

大阪北部を一望でき、夜景も幻想的

SKY GARDEN 300
スカイ ガーデン さんびゃく

あべの **MAP** 付録P.18 C-3 ➡P.87

ハルカス300(展望台)内にあるカフェダイニングバー。高さ300mにちなんだ、長さ300mmのプカドッグなどメニューが豊富。

☎06-4399-9181
所阿倍野区阿倍野筋1-1-43 あべのハルカス58F
営公式HPを要確認 交各線・天王寺駅／近鉄線・大阪阿部野橋駅からすぐ Pなし

⬆サンセットラテ(イチゴ)700円

予約	可(一部プランのみ)
予算	ⓁⒹ1000円～

歩く・観る

次々と誕生する新スポットの
すぐ隣を見れば、昭和以前の面影を
とどめる歴史ある街並みも残る。
新旧が交錯しながらも、
通底する文化と精神がある。
そんな大阪の不思議な魅力を
探しに、街を歩きたい。

キタへミナミへ、
商都の賑わいの
源を探る

エリアと観光のポイント ❖

ミナミはこんなところです

なんば駅のすぐそばで、商店街や道頓堀の看板ストリートの、昔ながらの
大阪が待つ。道頓堀川を渡れば、心斎橋などのおしゃれなスポットにたどり着く。

コテコテ大阪となにわ情緒の混淆

道頓堀 ➡ P.64
どうとんぼり

いかにも大阪らしい雰囲気の道頓堀
川の南岸エリア。グリコの看板やや
いだおれ太郎など、コテコテの大阪
に出会える一方、法善寺横丁のよう
に、大人向けの静かなエリアも。

観光の ポイント	戎橋 P.64 法善寺横丁 P.66

地元志向のアーケード街

なんば・日本橋 ➡ P.70
なんば・にっぽんばし

なんば駅から日本橋駅にかけては、
演芸の拠点であるとともに、多くの
飲食店が並ぶ一帯。黒門市場や千日
前道具屋筋といった、個性的なスト
リートを散策するのもおもしろい。

観光の ポイント	黒門市場 P.76 なんばグランド花月 P.75

歩く●観る●旅のきほん

大阪を代表するファッショナブルエリア
心斎橋・アメリカ村・堀江 ➡P.78
しんさいばし・アメリカむら・ほりえ

最新ファッションが並ぶ心斎橋、若者向けのアメリカ村、ハイセンスな雑貨屋やセレクトショップが見つかる堀江と、ミナミのおしゃれを担うエリア。

| 観光のポイント | 心斎橋筋商店街 P.79
オレンジストリート P.79 |

日本最大のコリアンタウンが
鶴橋 ➡P.90
つるはし

駅に降り立つと、「かおり風景100選」に選ばれた焼肉の香ばしい匂いが漂う。日本にいながら、本場韓国料理を味わえるエリア。

| 観光のポイント | 韓国グルメ P.90 |

レトロな街に立つ高層ランドマーク
新世界・あべの ➡P.82
しんせかい・あべの

大阪を代表するキャラクター、ビリケンさんが待つ新世界。すぐそばのあべのは、日本一高いビル、あべのハルカスで注目を集める。

| 観光のポイント | 通天閣 P.83
あべのハルカス P.86 |

交通information

ミナミへのアクセス

鉄道

関西空港	伊丹空港	新大阪駅	
関西空港駅	大阪空港駅		JR京都線 4分
	大阪モノレール 2分		大阪駅
	蛍池駅		
南海本線空港急行 45分	阪急宝塚線 15分	地下鉄御堂筋線 7分	
	大阪梅田駅／梅田駅		西梅田駅
	地下鉄御堂筋線 10分		地下鉄四つ橋線 7分

JR難波駅／南海・難波駅／地下鉄・なんば駅／OCATなど

バス

関西空港	伊丹空港
日本交通バスなんば行き 50分	阪急観光バスなんば行き 30分

JR難波駅／南海・難波駅／地下鉄・なんば駅／OCATなど

OSAKA WONDER LOOP

2階建てオープントップバス「OSAKA WONDER LOOP」で街巡りを楽しみたい。専用のガイドブックを購入して提示するだけで自由に乗り降りでき、お得なクーポンも付いている。なんばパークスにあるバス停に発着する。詳細はP.155。
※2023年12月現在、運休中

ミナミ・観光のポイント

●覚えておきたい道の名前
ミナミの街を東西に抜ける大通りが千日前通。通りの地下は、なんば駅から日本橋駅まで地下街となっている。南北方向では、道頓堀川を境に北側が心斎橋筋、南側が戎橋筋と名前が変わる商店街が、繁華街の中心。この通りは、大阪全体の幹線道路である御堂筋の一本東を並行して延びている。

●街歩きを楽しもう雨が降ってもOK
なんば駅から、心斎橋駅、日本橋駅どちらも徒歩で10分ほど。各エリア間の移動は地下鉄よりも、商店街のショップやレストランを楽しみながら歩くのがおすすめ。アーケードの付いた商店街や地下街が多く、雨の日も濡れずに移動できる。

問い合わせ先

難波観光案内所
☎06-6131-4550
南海なんば駅1階にある観光案内所。
TONBORI BASE Cafe&Info
☎090-9864-2710
道頓堀の中心に位置し、インフォメーションセンターとカフェを併設したスペース。
新世界まちなか案内所
☎06-6641-1239
新世界を象徴する幸福の神様「平成のビリケン」が鎮座する新世界の観光案内所。

ミナミはこんなところです

なにわの情緒に満ちた通りを歩く

道頓堀
どうとんぼり

個性的な看板がひしめく道頓堀。
食い倒れの街・大阪を象徴する通りを楽しんだら
静やかな大人の路地へ向かおう。

⬆日没後の法善寺横丁。提灯が石畳をやわらかく照らす

江戸時代に造られた堀川沿いに食い道楽の街が誕生

　江戸時代の初め、元和元年(1615)に完成した人工河川・道頓堀。川の南岸には芝居小屋が誘致され、歓楽街として発展。かつて芝居小屋が並んだ通りは、現在はカニ、タコ、牛などの立体看板がひしめき、活気にあふれる繁華街となっている。

　賑やかな通りでたくさんの観光客と並び、たこ焼などをほおばるのもよいが、落ち着いた時間を過ごすならば道を一本外れた法善寺横丁へ。すれ違えば肩が触れそうな狭い石畳の路地に、割烹やバーが並んでいる。

⬆道頓堀の主、くいだおれ太郎。還暦を超えても健在

食い倒れストリートの代表

道頓堀
どうとんぼり
MAP 付録P.16-17

道頓堀川の南岸を東西に延びるストリート。巨大な立体看板の下、たこ焼などを求める観光客の行列でいつも賑わっている。

戎橋
えびすばし
グリコの看板の足元に架かる。心斎橋筋へ続き、人通りが多い。かつてはひっかけ橋の異名も

⬆心斎橋駅

道頓堀橋

グリコのランナー

戎橋

たこ家
道頓堀くくる本店
P.68 R

P.68 かに道楽 道頓堀本店 R

かに道楽の巨大カニ

P.73はり重グリル

R ファミリーマート

松竹座

戎橋筋

地下鉄御堂筋線

御堂筋
みどうすじ
大阪市の中心部を南北に縦断するメインストリート。高級ブランド店や老舗百貨店が並ぶ。

味乃家
R P.135

namBa HIPS

街歩きのポイント

- 大阪といえば外せない、巨大な看板との記念撮影
- 気軽につまめるストリートフードを食べ歩く
- 法善寺横丁でゆっくりとした時間を過ごす

とんぼりリバーウォーク

道頓堀川沿いに整備された遊歩道。南側の通りと比べると静かなので、川を見ながらベンチで買ってきたものを食べるのもよいだろう

宗右衛門町通り
S H&M
OESUS心斎橋
★コナモンミュージアムのタコ
R たこ焼道場 くくる匠 P.68
とんぼりリバーウォーク
S ドン・キホーテ
道頓堀
★道頓堀くくる コナモンミュージアム P.114
太左衛門橋
道頓堀川
相合橋
ぼてぢゅう 本店® 道頓堀 P.135
元禄寿司の 握り寿司
くいだおれ太郎 ★
中座くいだおれ ビル
R 本家大たこ P.129
P.69/P.147
にわ名物 いちびり庵 S
リトル大阪 ぐりこ・や 道頓堀店 S
P.138
R 道頓堀 今井
P.133
R お好み焼 美津の
ウインズ●
C 純喫茶 アメリカン P.142
R 法善寺横丁 誠太郎 P.67
法善寺横丁
R 法善寺 浅草 P.66
千日前
相合橋筋
こ色 P.137
卍法善寺
P.143 丸福珈琲店 C
C 夫婦善哉 P.67

なにわ情緒が感じられる路地

法善寺横丁

ほうぜんじよこちょう

MAP 付録P.16-17

織田作之助の小説『夫婦善哉』の舞台となった、法善寺を中心に東西に延びる2本の石畳の小径。賑やかな道頓堀とはうって変わって、静かな大人の空間。

夫婦善哉

法善寺横丁の名店を訪ねる

しっとりと。大人の横丁

道頓堀に集う芝居見物の客目当てに、法善寺境内に立った露店が元。
織田作之助が最も大阪らしいと語った、細い石畳の路地を訪ねよう。

↑どんな願いも叶えてくれるという法善寺の水掛不動尊。長年、願をかける人々が水をかけ続けたため、厚く苔がむしている

秘伝のポン酢でいただく旬の鍋料理

法善寺 浅草
ほうぜんじ あさくさ

MAP 付録P.17 D-1

まろやかな酸味が特徴の柑橘類、ゆこうを搾った秘伝のポン酢で味わう鍋料理が自慢の店。淡白ながら味わい深いフグは、多くの常連たちに愛されている。冬季限定のてっちりや、通年のすっぽんのコースもある。

☎06-6211-1649
所中央区難波1-1-12　営17:00〜22:00(LO)　休不定休　交地下鉄・なんば駅から徒歩5分　Pなし

予約	可
予算	D 1万円〜

↑メインのてっちり鍋のほか、てっさや湯引き、唐揚げなど7種のコース。自家製ポン酢であっさりと。てっちりコース1万3000円

↗法善寺の名店らしさを感じる風情ある店内

↑シンプルながら存在感のある青い暖簾が印象的

↑昔ながらの雰囲気を感じさせる立て看板が目印

**大阪人情の象徴
2つでひとつのぜんざい**

夫婦善哉
めおとぜんざい

MAP 付録P.17 D-1

大阪の人情を描いた作家・織田作之助の小説にも登場する有名店。店名を冠した夫婦善哉は、丹波大納言小豆を使った上品な甘さが好評だ。2椀で1人前になっているのもこだわりのひとつ。

☎06-6211-6455
所中央区難波1-2-10
法善寺MEOUTOビル1F
⏰10:00~22:00(21:45LO)
休無休 交地下鉄・なんば駅から徒歩5分 Pなし

予約 不可
予算 815円~

🍲夫婦善哉 815円。粒がしっかりと残るよう熟練の技術で炊かれたぜんざいは必食

↑法善寺横丁へ来たら立ち寄っておきたい必須スポット

↑レトロな雰囲気が今も残る店内でぜんざいを味わいたい

**新鮮なレア魚介を目にも美しい
寿司と割烹で堪能できる**

法善寺横丁 誠太郎
ほうぜんじよこちょう せいたろう

MAP 付録P.17 D-1

もともとは大正14年(1925)に創業の鮮魚商で、生シャコや能登かきなど歴史が培った確かなルートで仕入れる高級魚介をはじめとした厳選食材を、職人の技が光るコースで提供する。料理内容も相談できるので訪れるなら予約するのがおすすめ。

☎06-6213-3174
所中央区道頓堀1-7-11 ⏰16:00~21:30
休不定休 交地下鉄・なんば駅から徒歩5分
Pなし

予約 可
予算 D8500円~
(サ・税別)

←1階カウンター席。2階、3階には掘りごたつ式席を用意

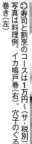

→寿司と割烹のコースは1万円~(サ・税別)。写真は料理例。イカ鳴戸巻き(右)、穴子のぐる巻き(左)

↑昭和52年(1977)開業の寿司割烹の名店

巨大な立体看板は大阪のシンボル

いつも賑わう
食い倒れの街を歩く

ひしめくド派手な看板のもと、通りには名物グルメを求める観光客が行列をつくる。記念写真を撮ったりたこ焼をつまんだり、のんびりとベタコテの大阪を満喫しよう。

御堂筋

グリコのランナー
LEDに改装され、さまざまな表現ができるように。点灯は18時から

戎橋

戎橋筋商店街

歩く・観る●道頓堀

有名店の看板メニュー

ストリートフードの誘惑

あちこちにできている行列に並び、大阪名物を気軽にいただこう。

かにの巨大看板が目印の店
かに道楽 道頓堀本店
かにどうらく どうとんぼりほんてん
MAP 付録P.16 C-1
一年を通しておいしいかに料理を提供する専門店。家でも店の味を堪能できる店頭販売がイチオシ。
☎06-6211-8975 ㊟中央区道頓堀1-6-18 ㊟11:00～22:00(LO21:00) ㊡無休 ㊋地下鉄・なんば駅から徒歩5分 Ⓟ提携駐車場利用

→道頓堀限定販売のかにまんは、かにの身がたっぷり詰まってほかでは出会えない味わい。500円

行列の絶えないこだわりの味
たこ家 道頓堀くくる本店
たこや どうとんぼりくくるほんてん
MAP 付録P.16 C-1
大阪発祥の人気たこ焼店。焼きの仕上げに白ワインをかけることで、味が締まり深い風味を演出する。
☎06-6212-7381 ㊟中央区道頓堀1-10-5 白亜ビル1F ㊟11:00(土・日曜、祝日10:00)～21:00(LO20:30) ㊡無休 ㊋地下鉄・なんば駅から徒歩3分 Ⓟなし

←5cm以上のタコの足が生地からはみ出す名物びっくりたこ焼 1980円

→各テーブルでできたてが味わえる

自身でたこ焼を焼く体験ができる
たこ焼道場 くくる匠
たこやきどうじょう くくるたくみ
☎06-6212-0111 ㊟中央区宗右衛門町7-18 ジェブラン宗右衛門町ビルB1 ㊟11:00(土・日曜、祝日10:00)～21:00(LO20:30) ㊡無休 ㊋地下鉄・なんば駅から徒歩6分 Ⓟなし
「くくる」の職人が焼き方を伝授。お好みの具材を選んで、オリジナルのたこ焼が楽しめる。
→楽しみながら焼き体験ができる。職人がきれいに焼くコツを教えてくれる。1500円

かに道楽の
巨大カニ
おなじみの動くカニ看板。
通り沿いだけでも3店舗ある

コナモン
ミュージアムの
タコ
上海万博で活躍した
国際派。グリコの近
くにいるタコとは夫
婦なのだそう

元禄寿司の握り寿司
回転寿司の元祖の店。気軽に楽しめ
る料金で、外国人観光客にも人気

くいだおれ太郎
2020年に70歳となった道頓堀の
シンボル的存在。太鼓を叩く人形
の前は、人気の記念撮影スポット

道頓堀川

太左衛門橋

千日前商店街

おもしろい!
が大定番

大阪のジョークなおみやげ

道頓堀で多く見つかる、ベタコテの
大阪グッズはおみやげの定番。

A くいだおれ太郎
プリン三角缶
1450円
くいだおれ太郎が
描かれたかわいら
しい缶は気に入っ
てもらえるはず

A 大阪タオル 各550円
家族へのおみやげならこれ。ド派
手な色に大阪弁丸出しで「オトン」
「オカン」「ウチ」などのプリント

B ジャイアント
ドリームポッキー
1296円
食べ応えたっぷりの
巨大ポッキー。5種
類の味で20本入り

A お好み焼せんべえ
1296円（24枚入り）
フリーズドライ製法で本
物そっくりに仕上げ。マ
ヨネーズ味とキャベツ味
がやみつき！

B グリコソックス 各518円
ポッキーを中心にシリーズ品が描かれ
た派手めな靴下で足元から大阪人に

品数豊富なおみやげが並ぶ
太郎グッズも充実

A なにわ名物
いちびり庵 ▶**P.147**
なにわめいぶつ いちびりあん
MAP 付録P.17 D-1

約5000点の大阪みやげが揃う大型
ショップ。オリジナルグッズをはじ
め、看板となるアイテムからビリケ
ンやくいだおれ太郎など、大阪名物
キャラクターのグッズが人気。

☎06-6212-5104
中央区道頓堀1-7-
21 中座くいだおれビ
ル1F 🕐10:00～
20:00（土・日曜、祝日
は～21:00）無休
地下鉄・なんば駅
から徒歩7分 なし

川沿いの看板でおなじみの
グリコ商品が揃う

B リトル大阪
ぐりこ・や 道頓堀店
リトルおおさか ぐりこ・や どうとんぼりてん
MAP 付録P.17 D-1

グリコの限定商品が揃うみやげ店。
雑貨や菓子のほか、グリコ看板のか
わいいグッズが店内にずらりと並ん
でいる。グリコの菓子のジャイアン
トシリーズもおすすめ。

☎06-6484-0240
中央区道頓堀1-7-
21 中座くいだおれビ
ル1F 🕐10:00～
22:30 無休
地下鉄・なんば駅
から徒歩7分 なし

69

商店街に大阪文化の礎を見る

なんば・日本橋

なんば・にっぽんばし

食文化を支える道具屋筋の調理器具や、黒門市場の食材、吉本興行や文楽の拠点もここにある。大阪の文化が最も深く根付いた土地へ。

大型商業施設が並ぶ駅前
歩くだけでも楽しい商店街が続く

　なんばは一般的に近鉄と阪神の難波駅周辺に広がる繁華街を指す。駅前周辺は髙島屋やなんばパークスなど大型商業施設や娯楽施設がひしめき、続く縦横に延びる商店街には地元で長く愛される老舗レストランなども多く、昔ながらの雰囲気が楽しめる。

　日本橋は東京・秋葉原と並ぶ電気街として知られるが、近年は秋葉原と同様にアニメやゲームなどのマニア向けの店が増え、オタクの街となっている。さらに「大阪の台所」と呼ばれる黒門市場も控えている。

　なんばグランド花月や国立文楽劇場があり、芸能の街という一面も見逃せない。

◎なんばパークスの3〜9階に展開する屋上庭園では、4万株もの植栽が楽しめる

古道具屋から広がった商店街

千日前道具屋筋

せんにちまえどうぐやすじ

MAP 付録P.16-17

食品サンプルや調理道具など業務用道具の専門店が並ぶ商店街。東京のかっぱ橋商店街とも交流を深めている。

なんばパークス

南海なんば駅直結の都市型複合施設。200店舗を超える店舗と、パークスガーデンに注目。

MAP 付録P.16 C-4

髙島屋大阪店
たかしまやおおさかてん

大阪にある老舗百貨店。7〜9階では約35店舗のレストランが営業する。

MAP 付録P.16 C-3

なんばマルイ

店内随所にオリジナルアートが設置されている。関西では3店舗展開。

MAP 付録P.16 C-3

なんばウォーク

千日前通の地下、715mにおよぶ地下街。3つのゾーンに区分けされている。

MAP 付録P.16 C-2

気軽に立ち寄れる飲み屋街
ウラなんば

MAP 付録P.16-17

千日前に広がる飲食店街。個人経営の店舗を中心に、2010年あたりから徐々に人気を集め、現在では、多様な飲食店が100店舗以上営業している。

食卓を支える「大阪の台所」
黒門市場
くろもんいちば

MAP 付録P.16-17

食い倒れ大阪を代表する大規模な市場。全長約580mある通りに、鮮魚店や青果店など約180店舗が軒を連ねる。プロの料理人も買い付けにくる。

若者で賑わうアニメ好きの聖地
日本橋オタロード
にっぽんばしオタロード

MAP 付録P.16-17

かつては関西有数の電気街として栄え、「でんでんタウン」として親しまれたエリア。現在はサブカルチャー色の濃い、東京の秋葉原に似た雰囲気を持つ。

なんば・日本橋

道頓堀川

御堂筋線
御堂筋
松竹座
中座くいだおれビル
戎橋筋商店街
namBa HIPS
戎橋筋
卍法善寺
なんば駅
地下鉄千日前線
P.75/P.110
国立文楽劇場 ★
なんばウォーク
千日前通
なんば駅
日本橋駅
近鉄日本橋駅 近鉄難波線
なんば線
大阪難波駅
なんば駅
難波センター街
ウラなんば
日本橋駅
なんばマルイ SC
SWING
ヨシモト
TOHOシネマズなんば
★なんばグランド花月 P.75
SC 髙島屋大阪店
YES・NAMBAビル
黒門市場
スイスホテル
南海大阪 H
千日前
道具屋筋
SC なんばCITY
難波駅
なんさん通
エディオンアリーナ大阪
地下鉄四つ橋線
南海本線 南海高野線
なんばパークス
SC
地下鉄堺筋線
日本橋オタロード
浪速区役所○

↑店内の生け簀には、活きのよい国産フグが泳ぐ

てっちりコース
5500円〜
大阪名物であるてっちりのほか、湯引やてっさなども味わえるフグ三昧のコース

歯ごたえ抜群
鮮度が光る活フグ専門店

黒門 浜藤
くろもん はまとう

MAP 付録P.17 F-3

フグ一筋90年の老舗の活フグ料理専門店。最上級のフグだけを使い、羅臼産の昆布や枕崎のカツオと脇も固める。肉厚のフグが感動的な、名物てっちりコースのほか、春から秋には、鱧料理など季節メニューも揃う。

↑大きなお屋敷を思わせる店構えでお出迎え

☎06-6644-4832
所中央区日本橋1-21-8
営11:30〜20:30(LO)
休月曜(10〜3月は無休)
交各線・日本橋駅から徒歩3分
Pなし

なんば・日本橋 鍋と洋食の老舗
心に染みる庶民の味

なんばから日本橋にかけては、長く近隣に愛される飲食店の老舗が多い一帯。昔から庶民のごちそうとして特に親しまれる、鍋と洋食の名店を紹介しよう。

旅館の気分で
鯨を味わおう

ハリハリ鍋
2750円
やわらかい肉と歯ごたえのよい水菜で作られた鍋は間違いのないおいしさ

↑落ち着いた雰囲気の黒のカウンター

西玉水
にしたまみず

MAP 付録P.9 E-2

新町で創業した老舗の鯨料理専門店が、元旅館を改装した店舗へ移転。鯨のいちばんおいしい部位といわれる尾の身にこだわり、鍋や刺身、カツなど、多彩な調理法で鯨を味わうことができる。

予約はネットから
所中央区島之内2-17-24
営17:00〜23:00(LO22:30)
休日曜、祝日
交各線・日本橋駅から徒歩5分
Pなし

↑もともと旅館だった建物をリノベーション

とろけるような
肉の旨みを堪能

はり重グリル
はりじゅうグリル
MAP 付録P.16 C-1

老舗の精肉店、はり重が展開するだけあって、肉にこだわりのあるメニューが揃う。肉のうまさを味わうなら、じっくりとホロホロになるまで煮込んだビーフシチューがおすすめ。和牛のヒレ肉を使ったビーフカツレツも人気。

☎06-6211-5357
🏠中央区道頓堀1-9-17
🕐11:30～20:00(LO)
🈺火曜(祝日の場合と12月は営業)
🚇地下鉄・なんば駅からすぐ
🅿なし

⬆ハンバーグステーキ1980円

⬆歴史を刻む荘厳な建物

⬆レトロな雰囲気があふれる内装は落ち着きのある空間

ビーフシチュー
2420円
5日間かけた特製デミグラスソースで、上質なバラ肉、モモ肉などを煮込んだ贅沢な一品

ひとつひとつをていねいに
不変の名物ハンバーグ

⬆整列したテーブルや椅子から店主の食へのこだわりを感じることができる

重亭
じゅうてい
MAP 付録P.17 D-2

多くの著名人に愛されるミナミを代表する洋食店。数ある人気メニューのなかでも、おすすめはハンバーグステーキ。ていねいに筋を取った豚と牛ミンチを合わせていて、ロいっぱいにジュワッと広がる肉の旨みが絶品。

☎06-6641-5719
🏠中央区難波3-1-30
🕐11:30～15:00(LO14:30) 16:30～20:00(LO19:30)
🈺火曜、その他不定休
🚇地下鉄・なんば駅から徒歩4分
🅿なし

ハンバーグステーキ
1300円
とろっとした甘めの特製ソースも昔懐かしい味わい。キャベツもすべて芯を取るこだわりも

明治43年創業
文豪も愛した自慢の味

自由軒
じゆうけん
MAP 付録P.17 D-2

100年以上の歴史を誇る老舗の看板メニューは、織田作之助も愛した名物カレー。中央にトッピングされた生卵を崩して混ぜ、ソースをかけて食べるのが通の食べ方。スパイシーななかに広がる卵のまろやかな風味も人気の秘密。

☎06-6631-5564
🏠中央区難波3-1-34
🕐11:00～20:00
🈺月曜(祝日の場合は翌日)
🚇地下鉄・なんば駅から徒歩3分
🅿なし

⬆暖簾やディスプレイの食品サンプルが歴史を物語る

名物カレー
800円
アツアツでおいしい状態で食べてほしいという初代の思いから、最初からルーを混ぜている

人気のダイニングスポットが点在する

お気軽に
ウラなんばの夜

なんば駅の東側一帯、
気軽にお酒が楽しめる飲食店が
増えているゾーン。
豊富なお酒ととびきりの料理が
揃う、夜の街を楽しみたい。

➡ Uの字型のカウンター
がお出迎え

⬇ 月ごとにその季節に合った料理
や酒を限定メニューとして提供。
写真は洋風おでん

立ち飲みとは思えない 手間ひまかけた料理が魅力

スタンドあじと

⬆ ゆっくりと食事を楽
しむなら、2階の系列店
「ビストロあじと」へ

MAP 付録P.17 D-3

ウラなんばを代表するダイニングがプロデュースす
るスタンド酒場。立ち飲みならではの気軽さはもち
ろん、店仕込みの季節に合ったメニューが和洋問わ
ず揃うこともあり、多くの客を虜にしている。しっ
かりと食事もできるので、下戸の方も安心。

☎非公開
所中央区難波千日前15-4
つるや陶器店ビル1F ☎16:00(金~日
曜15:00)~23:00(金・土曜は~24:00、
LOは各閉店30分前) 休不定休 交地
下鉄・なんば駅から徒歩5分 Pなし

予約	不可
予算	D1500円~

スモーキーな風味は 酒の肴にもぴったり

予約	可
予算	D3000円~

燻製工房 jammy
くんせいこうぼう ジャミー

MAP 付録P.17 D-3

見逃しそうな路地にある穴場店は、自家製の
燻製料理が看板メニュー。桜チップでスモー
クしたチーズや魚介類は、ちょっと意外な風
味が楽しめる。ほかにもパスタやピザなども
あり、しっかり料理が堪能できる。

☎06-6633-5006
所中央区難波千日前11-3 ☎17:00~24:00 休無休
交地下鉄・なんば駅から徒歩4分 Pなし

⬆ 店内はスモーキーな
良い香りがふわり

⬅ 燻製工房のSMOKE盛
り合わせ2人前1880円。
週替わりで10種類が楽
しめる

歩く・観る●なんば・日本橋

新旧入り交じる芸能の都
なんばで楽しむ
エンターテインメント

伝統芸能から、アイドル、本場のお笑いまで。
日本が世界に誇れる新旧のエンタメを、
臨場感たっぷりの劇場で観たい。

⬆ 上方伝統芸能のひとつである人形浄瑠璃文楽をはじめとするさまざまな芸能
の上演に加え、資料展示室では企画展などを実施。　写真提供：国立文楽劇場

国立文楽劇場
こくりつぶんらくげきじょう

**文楽を中心とする
上方伝統芸能の殿堂**

伝統芸能の普及、保存、公開を
目的に建てられた劇場。年4回の
文楽本公演をはじめ、文楽鑑賞
教室、舞踊や演芸などの公演を
開催。館内には文楽劇場と小ホー
ルのほか、資料展示室（無料）
もある。
➡ **P.110**

⬆ 昭和59年（1984）に開場。
設計は黒川紀章氏
MAP 付録P.17 F-2
☎ 06-6212-2531
🏠 中央区日本橋1-12-10
🕐 公演によって異なる
💰 各線・日本橋駅からすぐ
Ｐ なし

なんばグランド花月
なんばグランドかげつ

**大阪の笑いの真髄がここに!
365日、朝から晩まで公演中**

吉本興業のホームグラウンドで、年
中無休で公演が行われる。通称NGK
として開館以来親しまれ続け、漫才、
落語、コント、吉本新喜劇など、あ
らゆる笑いをつくり続けている。大阪
のお笑いをたっぷり堪能できる。
MAP 付録 P.17 D-3

⬆ 昭和62年（1987）に開館

⬆ 全858席。長時間座って
も疲れにくい快適な座席

☎ 0570-550-100　🏠 中央区難波千日前11-6　🕐 10:00〜、土・日曜、祝
日9:00〜　休 不定休　💰 1階席4800円、2階席4300円（全席指定、2024年
4月以降改定予定）　🚇 地下鉄・なんば駅から徒歩5分　Ｐ なし

⬆ 客席も一体となって盛り上がり、
臨場感あふれる公演が楽しめる

NMB48劇場
エヌエムビーフォーティエイトげきじょう

**NGKの向かいに位置する
人気アイドルの聖地**

AKBグループのひとつであり、
若い世代を中心に人気を集め
るNMB48の劇場。歌やダンス
のみならず大阪ならではのMC
も楽しめる。ファンなら一度は
訪れたいスポット。

⬆ NMB48のホームグラウンド。
豹柄の看板が印象的 ©NMB48
MAP 付録P.17 D-3
☎ 06-6643-7848　🏠 中央区難波
千日前 12-7YES・NAMBAビルB1
🕐 12:00〜20:00　休 不定休
💰 演目によって異なる　🚇 地下
鉄・なんば駅から徒歩6分
Ｐ なし

⬆ テレビでおなじみの人気の若手芸人
から大御所まで代わるがわる出演し、
連日笑いの渦が巻き起こる

活気あふれる
ストリートを楽しむ

老舗が並ぶ市場から食に関する道具を扱う専門店街、アニメ文化を体感できる通り。なんば・日本橋では、特色のある通りが多く見つかる。街の持つ文化を感じる散策へ!

食べ歩きが楽しい!
大阪の台所と呼ばれる市場

黒門市場
くろもんいちば

料理人が新鮮な素材を求め集まる市場だが、テイクアウトで楽しめるものも多く、食べ歩きのテーマパークのよう。

MAP 付録P.17 F-3

練り物買うなら
ここで間違いなし

萬彩
まんさい

MAP 付録P.17 F-2

黒門市場の北口すぐ。場所柄芸人、役者さんも買いに訪れる老舗。毎日店ですり身にして揚げる練り物は、生地の淡白な旨みとプリッとした食感がたまらない。練り物はごぼう天、野菜天、いか天など常時約12種類用意する。

☎06-6636-0357 ㊟中央区日本橋1-17-4
🕐10:00～17:00 ㊡不定休
🚃各線・日本橋駅から徒歩3分 🅿なし

♪手前から紅しょうが天120円、きくらげ天120円。季節限定商品もあり

熟練の職人が腕をふるう
うな重をお持ち帰り

高木水産
たかぎすいさん

MAP 付録P.17 F-3

ウナギを扱い約40年という料理人店主が切り盛りする。濃厚で甘みのある自家製ダレと肉厚で旨みの強い国産うなぎの蒲焼は、アツアツのご飯と相性抜群。本格的な味が850円からいただけるのも◎。

☎06-6634-8018 ㊟中央区日本橋2-3-18 🕐10:00～17:00(土曜、祝日は～15:00) ㊡不定休 🚃各線・日本橋駅から徒歩3分 🅿なし

♪うな重特上弁当3800円。直前まで生きていた新鮮なウナギをさばいて焼き上げるこだわり。うな重、うな丼は店内でも飲食可

旬のフルーツが
そのままジュースに

ダイワ果園
ダイワかえん

MAP 付録P.17 F-3

大阪を代表する果物店では、旬のフルーツを使ったケーキやゼリー、ジュースも味わえる。なかでもミックスジュースは、バナナやリンゴなど5種以上の果物を入れ、ほかのものはほとんど入れていないので濃厚な味わい。

☎06-6633-1095 所中央区日本橋1-22-20 営9:00〜17:00 休日曜
交各線・日本橋駅から徒歩3分 Pなし

◐◑フルーツミックスジュース400円など、フルーツだけで甘みを出している、大阪ならではの濃厚ジュース

大間の本マグロを
お手ごろ価格で満喫

まぐろや黒銀
まぐろやくろぎん

MAP 付録P.17 F-3

最高級のマグロを寿司や刺身、どんぶりにして提供。持ち帰って家庭でも楽しんでもらうのがまぐろやの本懐。種類によって持ち味の違う品の、それぞれ最高においしい食べ方を提案。

☎06-4396-7270 所中央区日本橋2-11-1 営9:30〜16:30 休不定休 交各線・日本橋駅から徒歩4分 Pなし

◐◑本マグロ三色丼3000円。大トロ、中トロ、赤身を使用した三色丼。舌の上でとろけるような上質な脂がのったマグロを堪能

板場も愛用の調理道具が
ずらりと並ぶ専門街

千日前道具屋筋
せんにちまえどうぐやすじ

プロ用の上質な台所用品や道具が集まる通り。専門街なので飲食店で使用する大型のものから、家庭用としても万能の器具ばかり。の大阪ならではのたこ焼き器をはじめ、素人目にもおもしろいものが多数みつかる。

家庭や有名料理店でも使える
金物道具がなんでも揃う

ゑびすや金物店
えびすやかなものてん

MAP 付録P.17 D-3

昭和13年(1938)、2間半の広さから始まった店。今では海外から業務用の商品を買い付けにくる客もいるほど豊富な種類の金物が揃う。みやげ用のたこ焼き器やイカ焼器も用意。

☎06-6632-3924 所中央区難波千日前8-20 営9:30〜18:00 休無休 交地下鉄・なんば駅から徒歩5分 Pなし

◐◑香ばしく絶妙な食感のイカ焼を自宅で本格的に作れるイカ焼器7920円

◐◑大阪ではおなじみのたこ焼器2970円。家庭用から店で使えるサイズも

西の電気街から
新しい文化を発信

日本橋オタロード
にっぽんばしオタロード

西の電気街の異名を持つ通り。現在はアニメやメイドなどオタクカルチャーの聖地となっている。通常オタロードと称されるのは、なんさん通から南へ行ったところがメイン。

マンガ、プラモ、PC、スマホや
インバウンドで賑わう街を案内

日本橋総合案内所
にっぽんばしそうごうあんないじょ

MAP 付録P.9 E-4

関西圏で最大のオタク街やPC、家電などの量販店を持つ街の案内所。インバウンドの街として外国人も多く、外貨両替、荷物預かり、プリペイドSIMの販売を行なう。

☎06-6655-1717 所浪速区日本橋5-9-12 営11:00〜19:00 休水曜 交地下鉄・恵美須町駅からすぐ Pなし

◐◑外国人旅行者をサポートする設備が充実している

心斎橋・アメリカ村・堀江

しんさいばし・アメリカむら・ほりえ

アクセス方法

なんば駅

地下鉄・御堂筋線 2分／徒歩なら13分	地下鉄・四つ橋線2分／徒歩なら14分
⇩	⇩
心斎橋駅	四ツ橋駅
⇩徒歩5分	⇩徒歩2分
アメリカ村	堀江

東から西へ、心斎橋、アメリカ村、堀江と、3つの個性的な街が続く。百貨店やデパート、カジュアルに食べ歩きなど多彩な店が並ぶ。

歩く・観る●心斎橋・アメリカ村・堀江

時代に敏感な心斎橋筋の人気店
堀江のこれからにも注目したい

いわゆる心斎橋は土佐堀川から戎橋に続く心斎橋筋の心斎橋筋商店街周辺に広がる繁華街で、百貨店や専門店、海外高級ブランド店、ホテルなどが多く集まる。

アメリカ村（アメ村）はその西に位置し、主に若者に人気の2500軒ほどの店舗からなる流行発信地と呼ばれた「村」だったが、今はファッションだけではなく飲食店も増加。

さらに西の堀江は、歴史的には大阪で最も開発が遅れた地域だったが、近頃は多種多様なショップが集まり始め、流行に敏感な若者を中心に賑わいをみせている。

⇧若者が集うファッショナブルなアメリカ村

アメ村の愛称で親しまれる若者の街

アメリカ村

アメリカむら

MAP 付録P.14-15

1980年代にファッションの発信地として、一世を風靡。近年、人気の北欧雑貨の店や大手インテリアショップの進出など、新しい動きがみられる。

ハイセンスな店が並ぶ

堀江

ほりえ

MAP 付録P.14-15

アメリカ村を卒業した世代が、次に集うおしゃれスポットといった位置づけ。セレクトショップや、インポート家具店が多く見つかる。

心斎橋筋商店街
しんさいばしすじしょうてんがい
中央区にあるアーケード商店街。ファッションや飲食店で賑わう。
MAP 付録P.15 E-3

オレンジストリート
もとは家具屋街。近年はセレクトショップや雑貨店が増え、人気のストリートに。
MAP 付録P.8 A-1

大丸 心斎橋店
だいまるしんさいばしみせ
本館と南館があり、街の中心となるショッピングスポット。本館は「大正モダン」の名建築の意匠を残す。
MAP 付録P.15 D-2

心斎橋PARCO
しんさいばしパルコ
地元の百貨店「大丸心斎橋店北館」の建物を受け継ぎオープン。百貨店と専門店のよさを生かしたショップがラインナップ。
MAP 付録P.15 D-2

心斎橋BIGSTEP
しんさいばしビッグステップ
アメリカ村のランドマーク。ファッションのほか、ライブハウスや映画館も。
MAP 付録P.15 D-3

代表的な歓楽街のひとつ
心斎橋
しんさいばし
MAP 付録P.14-15
心斎橋筋商店街を中心に広がる大阪一の繁華街。百貨店やファッションビル、高級ブランド店が並び、昼夜を問わず多くの人で賑わいをみせる。

食べ歩きおやつ
街の買い物をさらに楽しくする特別なスイーツ。

ショッピングのおともに

食べ歩きにぴったりのスイーツパン
元祖アイスドッグ Ⓐ
がんそアイスドッグ
MAP 付録P.14 C-3
ソフトクリームを揚げパンで挟んだアイスドッグが人気。アツアツ感とひんやり感のバランスが絶妙。
☎06-6281-8089
🏠中央区西心斎橋1-7-11
🕐11:00～21:00　不定休
🚃地下鉄・心斎橋駅から徒歩5分　Ｐなし

⤴三角公園の目と鼻の先にある

⤴北海道産牛乳を使ったアイスがたっぷり。アイスドッグ®500円

かわいいバラジェラートが写真映え！
Poppin Sweeties Ⓑ
ポッピン スウィーティーズ
MAP 付録P.14 C-3
「見て味わって楽しめる」がコンセプトの店。カラフルなバラのジェラートが美しく、SNS映えすると大人気に。10円パンも販売。
☎06-4963-3747
🏠中央区西心斎橋2-11-9 RE011ビル1F
🕐13:00～19:00　不定休
🚃地下鉄・心斎橋駅から徒歩6分　Ｐなし

⤴イチゴ、ミックスベリー、チョコレート、マンゴー、バニラ、抹茶の6種類のジェラートをきれいに盛り付けたレインボーコーン500円

ファッショナブルな街の注目店

流行に敏感な街でも特に人気を集める話題のカフェ＆ショップ。甘い香りとふわふわの食感に思わず笑顔になるパンケーキや、個性派のセレクトショップと、自分好みを探したい。

思わず笑顔がこぼれる
厚みたっぷりのパンケーキ

幸せのパンケーキ 心斎橋店
しあわせのパンケーキ しんさいばしてん

MAP 付録P.15 D-3

しっかりとした厚みと、ふわふわの口当たりが魅力のパンケーキ店。パンケーキに合うソースやジューシーなフルーツ、自家製グラノーラなどをトッピングした、見た目も華やかなメニューが揃う。

☎06-6211-1000　所中央区西心斎橋2-10-32 TRN心斎橋B1F
営11:00～20:00(LO 19:15) 土・日曜、祝日10:00～20:30(LO19:40)
休無休　交地下鉄・心斎橋駅から徒歩6分　Pなし

↑パンケーキはテイクアウトも可

↑グリーンのある穏やかな空間

幸せのパンケーキ1380円は、ニュージーランドから直輸入する高純度のマヌカハニーと、北海道の生乳から生まれた芳醇バターが自慢の一品

ふわふわとろける
パンケーキに感動！

elk心斎橋本店
エルクしんさいばしほんてん

MAP 付録P.14 C-2

厳選した卵とアーモンドオイルを使ったふわふわのパンケーキを提供する。スイーツ系やミール系など、食材に合わせて調合するこだわりの生地を使用。温かみのある落ち着いた店内で、のんびりと味わいたい。

☎06-6245-3773　所中央区西心斎橋1-10-28　営10:00～20:00　休無休
交地下鉄・心斎橋駅から徒歩4分　Pなし

↑ナチュラルな雰囲気のお店

↑ゆったりとしたソファー席

甘酸っぱいハンドメイドのイチゴジャムが相性抜群の国産ストロベリーパンケーキ(3枚)1780円。100円追加でアイスクリームトッピングも！

11:00～14:30の平日限定ランチはサラダ＆ドリンクがセットに。コムハニー＆フレッシュフルーツ2000円

↑インテリアもシックで落ち着ける

ランチの主役は
看板メニューのパンケーキ

TABLES CAFE
タブレスカフェ

MAP 付録P.15 D-4

店内は大人がくつろげる素敵なインテリアに囲まれ、パンケーキ目当てに訪れる人で賑わう。クリームチーズが練りこまれたもっちりした生地が特徴で、季節限定メニューなど約10種類からメインが選べるランチセットが人気だ。

☎06-6214-2001　所中央区心斎橋筋2-5-15 クロスホテル大阪1F
営11:00～20:00(LO19:00)　休無休　交地下鉄・心斎橋駅から徒歩3分　Pなし

↑ゆったり過ごせるホテル内のロビーカフェ

歩く・観る●心斎橋・アメリカ村・堀江

アンティーク
カフェオレボウル
温かみを感じるカフェオレボウル。3000
～5000円
●シャムア

ポット
花瓶としても使えるホーローの花柄ポット。4400円～
●ピサヌローク

クロス
ランチョンマットにも使えるリネン素材のクロス。各3500円
●シャムア

切り絵風ステッカー
ダブルハピネスを表す漢字がモチーフにされた商品多数あり。480円
●ピサヌローク

アクセサリー
日本の作家のヘアピンやブローチ。500～1500円
●シャムア

厳選されたアジアの商品
堀江で話題の雑貨店

ピサヌローク

MAP 付録P.8 B-2

ベトナム、中国、タイで毎年オーナーが買い付けする日用雑貨がずらりと並ぶ店内。現地のおしゃれ雑貨店でなく、日用品のみセレクトすることを心がけているので、商品ごとにその地の文化が感じられる。

☎06-6538-2090　⑰西区南堀江2-5-23
⑬13:00～19:00　⑭水曜　⑭地下鉄・四ツ橋駅から徒歩10分
Ⓟなし
⊕アジア圏で幸福を意味する赤色の商品が多い

欧州買い付けのグッズを
お茶をしながら購入できる

シャムア

MAP 付録P.14 C-2

ファッションデザイナーであるオーナーが、フランスを中心にオランダや北欧で買い付けたセンスあふれるアイテムが並ぶ。文具から衣服まで幅広く揃っている。カフェも併設されているので、買い物はもちろんゆったりと楽しめる。

☎06-6538-9860　⑰西区北堀江1-6-4 欧州館3F　⑧12:00～19:00
⑭日曜　⑭地下鉄・四ツ橋駅からすぐ　Ⓟなし
⊕ヨーロッパ文化の変遷をかわいい商品から感じ取れる

新世界・あべの
しんせかい・あべの

パリとニューヨークを夢見た新世界。
大阪の守護神・3代目「ビリケンさん」に出会い、
あべのでは巨大ビルを見上げる。

アクセス方法

なんば駅	なんば駅
◯地下鉄・御堂筋線4分	◯地下鉄・御堂筋線6分
動物園前駅	天王寺駅
◯徒歩7分	◯徒歩4分
新世界	あべの

新世界・通天閣界隈の不思議空間
300mのあべのハルカスも鎮座

通天閣の下、新世界にはジャンジャン横丁をはじめ、昭和の雰囲気が随所に漂う商店街が広がる。なんといっても串カツの店が多く、もちろん「ソースの二度漬け禁止」。将棋関連の店や手描き看板のなんとも怪しげな映画館も見つかる。

日本一の超高層ビル（地上300m）あべのハルカスは、このエリアの新しい顔。天王寺駅の北側には、動物園を含む天王寺公園が広がる。

大阪の新しいランドマーク
あべの

MAP 付録P.18
上町台地の集落だった阿倍野は現在、市南部の主要ターミナル都市となり、大阪第3の繁華街として注目を集めている。

活気に満ちた娯楽の街
新世界

MAP 付録P.18
大阪のシンボル通天閣を中心に、大衆演劇や居酒屋など古き良き大阪の風情が色濃く残る。

しんせかい

歩く・観る ● 新世界・あべの

エッフェル塔を模した展望塔

通天閣
つうてんかく

MAP 付録P.18A-2

☎06-6641-9555 🏠浪速区恵美須東1-18-6 🕙10:00〜20:00(入場は〜19:30) 休無休 料1000円 交地下鉄・動物園前駅から徒歩7分 🅿なし

エンターテインメントが詰まったタワーからミナミの街を一望する

大阪を代表する高さ108mの展望タワー。現在の通天閣は昭和31年(1956)に建てられた2代目で、大阪のシンボルとして街を見守り続ける。国の登録有形文化財にも指定され、展望台やショップなど見どころも多い。

↑眺望を遮るものがなく、目の前に夜景が広がる

3RF スリル満点の新アトラクション
TOWER SLIDER
タワースライダー

↑全長60mのスロープを約10m で滑る

地上22mの中間展望台から地下1階まで、エレベーター塔を1周半しながら一気に滑り降りるアトラクション。

🕙10:00〜19:30 料追加料金1000円

3F 博物館にも負けないリアリティ
ルナパークジオラマ

約100年前の通天閣やルナパークなど、新世界の街並みを忠実に再現したジオラマ展示が見られる。
↑細部まで表現されたジオラマで下町の歴史を知る

2F 正義のヒーローを間近に見られる
キン肉マンミュージアム
キンにくマンミュージアム

新世界の100周年事業であるキン肉マンプロジェクトにより、オープンしたコーナー。
↑等身大のキン肉マンと写真を撮ることができる

B1 通天閣だけのかわいいみやげ
通天閣わくわくランド
つうてんかくわくわくランド

森永製菓や江崎グリコ、日清食品など、人気の菓子や食品メーカーのアンテナショップが並ぶ。
🕙10:00〜19:30 料入場無料
↑一緒に撮影できるオブジェもある

↑通天閣のマスコット「ビリケンちゃん」

屋外 スリルと感動の空中回廊
特別屋外展望台(94.5m)
とくべつおくがいてんぼうだい

↑跳ね出し展望台「TIP THE TSUTENKAKU」

開放的な展望台からは、気持ちのよい風を感じながら市内をパノラマビューで眺めることができる。
🕙10:00〜19:50(最終入場19:30)
料追加料金300円

5F 金髪のビリケンさんに会える
黄金の展望台(87.5m)
おうごんのてんぼうだい

5階の展望台の一角は黄金に装飾された神殿になっており、輝くビリケンさんの姿も見られる。

いわれる幸福の神様ビリケン像 足の裏をなでると幸せになれると

4F ディスコフィーバーな展望台
光の展望台(84.0m)
ひかりのてんぼうだい

4階の展望台は、昼と夜で雰囲気が変化する近未来的空間。

↑夜になると照明とミラーボールで超ノリノリな展望台に早変わり

新世界・あべの 通天閣

どこか懐かしく、居心地のよい場所

新世界に広がる下町ノスタルジー

庶民に親しまれてきたグルメや喫茶店が集まる商店街。
下町を走る人力車や地元の活気ある声に誘われ、通天閣までの通りを歩く。

スマートボール ニュースター

MAP 付録P.18A-2

昭和の香りが漂うレトロゲームが勢揃い

新世界の中心で、娯楽を提供し続ける大人の遊び場。スマートボールを打ち込んで点数の書かれた穴に入れるシンプルな遊び方で、つい熱中してしまいそう。

☎06-6641-1164
所浪速区恵美須東3-5-19 営11:30(土・日曜、祝日10:00)～22:00 休不定休 交JR新今宮駅から徒歩5分 Pなし

↑1960年代までは全国各地にあった光景。18歳以下は入場不可

→53台あるスマートボール台は、大人たちの遊び場になっている

観光人力車 俥天力

かんこうじんりきしゃ しゃてんりき
MAP 付録P.18A-2

俥夫の案内で新世界がさらにおもしろい

ナニワの下町を知り尽くした俥夫が、おもしろ楽しくガイドをしながら新世界を巡る人力車。通天閣やあべのハルカスなど、5種類の時間とコースが選べ、おすすめの記念撮影スポットにも立ち寄れる。

☎050-3554-3909
所浪速区恵美須東2丁目周辺(待機場所) 営10:00～17:30(シーズンにより異なる) 要予約10分1名2000円～、2名3000円～(コースにより異なる) 休不定休(雨天により休業あり) 交JR新今宮駅から徒歩5分 Pなし

↑グルメの店や大阪の観光地についても気軽に教えてくれる

通天閣へ続く商店街を散策

通天閣周辺は、串カツで有名なジャンジャン横丁など、昭和の懐かしい雰囲気に出会える商店街が広がる。

数々の文学作品にも登場した名物通り

ジャンジャン横丁 ジャンジャンよこちょう

地下鉄・動物園前駅から通天閣に延びる通り。二度漬け禁止の昔ながらの串カツ店やレトロな喫茶店が並ぶ。かつては客を呼び込む三味線の音がジャンジャンと鳴り響いていたことから、この名で呼ばれるようになった。

落ち着いた商店街にはユニークな通りが

通天閣本通商店街 つうてんかくほんどおりしょうてんがい

地下鉄・恵美須町駅から通天閣に延びる通り。南側のジャンジャン横丁に比べると、呼び込みもなく落ち着いた雰囲気に。なかほどはシャッター街となっているが、ユニークなポスターやイベントで知られる新世界市場がある。

下町グルメはいかがが?

ジャンジャン横丁などに並ぶ串カツ店や喫茶店では、懐かしい昭和風情を味覚でも体感できる。

新世界串カツいっとく総本店
しんせかいくしカツいっとくそうほんてん

▶新世界の中心にあり本場の味を存分に楽しめる

MAP 付録P.18A-1

大阪のソウルフードを新世界の名店で味わう
新世界に本店を構える串カツの専門店。串カツは衣が薄く、サクサクな食感が楽しめ、常にきれいな油で揚げているので黄金色に仕上がるのも特徴。肉はもちろん、海鮮や野菜など種類も豊富で、串カツ盛り合わせもお得。

☎06-6645-9499
所浪速区恵美須東3-5-15
営11:00~24:00(LO23:30)
休無休 交JR新今宮駅から徒歩6分/地下鉄・動物園前駅から徒歩4分 Pなし

▶本日の串カツ10本盛り2068円など揚げたてをたっぷり味わえる

串かつだるま 新世界総本店
くしかつだるましんせかいそうほんてん

MAP 付録P.18A-2

「ソース二度漬け禁止」発祥の一度は行きたい串カツ店
昭和4年(1929)創業、今や串カツの代名詞ともいえる名店に。カツは余分な油を抑え軽やかに仕上げている。

☎06-6645-7056 所浪速区恵美須東2-3-9 営11:00~22:30(LO22:00) 休無休 交JR新今宮駅から徒歩10分/地下鉄・動物園前駅から徒歩8分 Pなし

▶大ぶりな具材のエビやしょうが、元祖串かつなど143円~

近江屋 本店
おうみや ほんてん

MAP 付録P.18A-2

もちもち食感の衣と大きな具材がボリューム満点
個性的な衣の串カツが味わえる串カツ店。さくふわもっちり仕上がりの衣に包まれた具材が食べ応え抜群。

☎06-6641-7412 所浪速区恵美須東2-3-18 営12:00~14:00(土・日曜、祝日は~15:00)16:00~20:00 休木曜 交JR新今宮駅から徒歩8分/地下鉄・動物園前駅から徒歩6分 Pなし

▶豚肉やアスパラなど、ふんわりと丸い形が珍しい串カツ1本100円~

新世界に広がる下町ノスタルジー

大阪府咲洲庁舎　　梅田の高層ビル群

通天閣

天王寺動物園

天王寺公園（てんしば）

天王寺駅からすぐ
地上300mの超高層複合ビル

あべのハルカス

大阪のランドマークには、アミューズメントが大集合!

あべのハルカスは、高さ300mを誇る超高層複合ビル。関西一円を見渡せる360度全面ガラス張りの展望台や、国内最大級の売り場面積を持つあべのハルカス近鉄本店のほか、あべのハルカス美術館や大阪マリオット都ホテル、レストラン街まで、さまざまな機能がギュッと詰まった施設だ。

注目のポイント

地上300mのビルの展望台から
絶景を堪能!

近鉄百貨店でショッピングを満喫!

展望台や美術館、レストランもあり
さまざまなシーンで大活躍!

86

大阪城公園　生駒山　四天王寺　ヤンマースタジアム長居

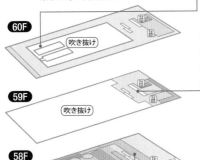

58-60F ハルカス300（展望台）
ハルカスさんびゃく（てんぼうだい）

素晴らしい眺望に加え
食事やショッピングも満喫

あべのハルカス58〜60階は展望フロア。壮観なパノラマが広がる「天上回廊」をはじめ、絶景を眺めながら食事が楽しめるカフェレストランなどもあるので、楽しみ方は自由自在。

60F
吹き抜け

59F
吹き抜け

58F

天空庭園
てんくうていえん

ウッドデッキ仕様のテラスで、天井のない開放的な空間。さまざまなイベントも開催される。

➡地上約300mの空気を楽しもう

SKY GARDEN 300
スカイ ガーデン さんびゃく

パスタやカレーといったメニュー以外にも、バインアメソフト550円などのテイクアウトグルメも充実している。➡P.60

➡一部商品は、天空庭園に持ち出してもOK

天上回廊
てんじょうかいろう

感動の景色が楽しめるのはもちろん、360度ガラス張りなので、空中散歩している気分にも浸れる。

➡西側にはスリル満点のガラス床が

SHOP HARUKAS300
ショップ ハルカス さんびゃく

あべのハルカスや「あべのべあ」の商品は、限定アイテムも多数存在。

➡あべのべあ ブルブル ボール チェーン 1210円。しっぽをひっぱるとブルブル動く

➡あべのべあ ハンドパペット 1540円。ハルカス300のキャラクター「あべのべあ」を操ろう

➡あべのハルカス プリントクッキー 648円。あべのハルカスがプリントされた限定クッキー

➡あべのハルカス チョコ・デコレ 756円。しっとり生地にミルクチョコがかかった限定品

展望台information

チケット
当日券と前売り券がある。当日券は16階のチケットカウンターで販売。
一般…1800円　中高生…1200円
小学生…700円　幼児…500円
4歳未満無料

入場はエレベーターで
まずはエレベーターで16階へ。チケットを買えば、ゲートの奥のエレベーターから一気に60階まで！

ヘリポートツアーを実施
屋上にあるヘリポートを見学することができる特別なツアー。参加料金は1500円で、60階インフォメーションカウンターにて当日申込。

フロアMAP

58-60F
ハルカス300（展望台）
19-20F、38-55F、57F
大阪マリオット都ホテル
17-18F、21-36F
オフィス
16F
あべのハルカス美術館
B2-14F
あべのハルカス近鉄本店
（12-14F
あべのハルカス
ダイニング）

MAP 付録P.18 C-3
☎06-6621-0300
所阿倍野区阿倍野筋1-1-43
営休施設により異なる
交各線・天王寺駅／近鉄・大阪阿部野橋駅からすぐ

あべのハルカス

87

◆マグカップ 850円。ロゴの色にちなんだ青の水玉がかわいい

16F あべのハルカス美術館
あべのハルカスびじゅつかん

展覧会によって雰囲気が一変！
多彩なテーマを取り扱う美術館

国宝や重要文化財も展示できる約880㎡の展示室が自慢。日本美術や現代アートなど、ジャンルを問わず展覧会を開催しているので、幅広く美術にふれられる。併設するショップでは、展覧会にちなんだグッズなども販売している。

◆クリアファイル 350円はここでしか手に入らない限定品。おみやげにいかが

☎06-4399-9050 **営**10:00～20:00（月・土・日曜、祝日は～18:00）入館は各30分前まで **休**一部の月曜、年末年始、展示替え期間 **料**展覧会により異なる

大吹き抜け空間「ウエルカムガレリア」ではさまざまなイベントを開催

12-14F あべのハルカスダイニング

普段使いからハレの日まで対応
日本最大級のレストラン街

12～14階にわたって広がる、日本最大級のレストランフロア。「Ikitsuke（行きつけ）」「Tsudoi（集い）」「Kokon Tozai（古今東西）」とフロアごとに異なるコンセプトが設けられているので、TPOに合わせた使い方ができる。

☎06-6624-1111（あべのハルカス近鉄本店代表）
営11:00～23:00 ※一部店舗により異なる
休あべのハルカス近鉄本店に準ずる

B2-14F あべのハルカス近鉄本店
あべのハルカスきんてつほんてん

広さ約10万平方メートル
日本最大級の百貨店！

あべのハルカスの地下2階から14階までを占める百貨店。日本最大級の10万㎡の売り場面積には、ショッピングや食事の楽しさはもちろん、館内各所で素敵な発見や驚きにワクワクできる。心躍る時間をゆっくり楽しめる。

☎06-6624-1111（あべのハルカス近鉄本店代表）
営10:00～20:00（B2～3・5Fは～20:30）※一部異なる売り場もあり **休**不定休

（地下のあべのフード・シティでおいしいハルカスみやげ）

ペコロン缶（12個入）
2484円
※価格は変更になる場合があります
近鉄百貨店が不二家と共同開発した新ブランド「ペコリシャス」。ここでしか手に入らない限定スイーツを販売。
（ペコリシャス◎ウイング館B2）

バターフィナンシェ（4個入）1167円
※価格は変更になる場合があります
世界中で出会ったさまざまな風味のバターを厳選し、贅沢なバター菓子に仕立てている。
（ザ・マスター◎タワー館B1）

©FUJIYA CO., LTD.

大阪の飲食店を集めた「大坂通」

花外楼
天保年間創業の料亭。時代を超えて愛される会席料理を手ごろな価格帯で味わえるのが魅力

eo(エ・オ)〈ベルナール・ロワゾー・スィニャテュール〉
都市型オーベルジュ・神戸北野ホテルの山口浩氏による新感覚フレンチを堪能できる

バックヤードツアーで、ハルカスの秘密に接近!!

あべのハルカスのことを詳しく知りたい人は裏側をのぞくこともできる。最先端の耐震やエコ設備の仕組みを、スタッフがていねいに解説。

節水のために雨水を溜めて常時利用している
風の揺れからビルを守るための装置を目の前で見ることができる

高さ100mの吹き抜けか自然の空気をビルに取り込む

歩く・観る●新世界・あべの

ごはんタイム・おやつタイムは時間が決まっているので、事前に確認しよう

大都会のサバンナ体験

天王寺動物園
てんのうじどうぶつえん

サバンナが天王寺に出現
動物たちの自由な暮らしをウォッチング

大正4年(1915)開園の伝統ある動物園。約180種、1000点の動物たちを飼育している。園内はアフリカサバンナゾーンなど、動物たちの生育環境の景観を再現した「生態的展示」を取り入れ、動物たちの自然に近い姿を見ることができる。

↑100年を超える歴史のある動物園

MAP 付録P.18 B-2

☎06-6771-8401 ⓐ天王寺区茶臼山町1-108 ⓣ9:30～17:00(5・9月の土・日曜・祝日は～18:00) 入園は各1時間前まで ⓗ月曜(祝日の場合は翌日) ⓨ500円、小・中学生200円、未就学児無料 ⓧ地下鉄・動物園前駅から徒歩5分、そのほかにも最寄り駅あり ⓟなし

もっと動物を知る

ガイドやイベントに参加しよう!!

絵本の読み語り

絵本読み語りサークル【ZOO人(ず～っと)】による、どうぶつ絵本の読み語り。ⓘ 毎月第3・4日曜13:00～13:30頃

どうぶつとっておき話

天王寺動物園スタッフ(動物飼育専門員・獣医)による、動物のお話。ⓘ 毎月第3・4日曜13:30～14:00頃

ごはんタイム・おやつタイム

動物たちがごはんを食べる姿が見られる。詳細はHPで確認。
ⓤ https://www.tennojizoo.jp/event/timetable/

アフリカサバンナ

ライオン
オスの「ガオウ」とメスの「ルナ」「モナカ」姉妹の3頭。ゆったり日向ぼっこしている姿を見ることができる。

広い敷地にアフリカの国立公園のサバンナを再現。ライオンのほかキリンやエランドなど草食動物の姿も。

ホッキョクグマ舎

プールで泳ぐ様子や、おもちゃで遊ぶ様子などさまざまな姿が見られる。

ホッキョクグマ
天真爛漫な性格の「ホウちゃん」

大阪シティバスあべの橋・Ⓐあべの八ルカス方面へ
多目的広場
鳥のセカイ
てんしばゲート
ふれんどしっぷガーデン 鳥の楽園
レッサーパンダ舎
TENNOJI ZOO MUSEUM
ホッキョクグマ舎
アフリカサバンナ
カバ舎
アイファー
ペンギンパーク＆アシカワーフ
地下鉄動物園前・恵美須町駅方面
大阪シティバス動物園前・通天閣方面↓
新世界ゲート

レッサーパンダ
丸太を器用に渡る様子を見ることができる。

レッサーパンダ舎

カリフォルニアの港町をモデルにしたアシカワーフ。

フンボルトペンギン
活発に泳ぎまわる姿が見られる。

ペンギンパーク＆アシカワーフ

カバ舎
巨大な水中観察プールがあり、カバの水中での動きを見ることができる貴重な展示。

カバ
おっとりしているようで、水中では素早い動きを見せる。

日本一のコリアンタウンで味わう韓国旅行気分

鶴橋
つるはし

関西屈指のコリアンタウンとして名高い街。
韓国料理屋や焼肉店の激戦区であり、
賑わいのなかでしのぎを削る名店が集まる。

歩く・観る・鶴橋

コリアンタウンで焼肉&韓国料理

大阪で味わう韓国グルメ

↑まるで異国のような雰囲気の雑踏感がある

韓国料理の飲食店や食材のショップが立ち並ぶ「生野コリアタウン」が広がる鶴橋。
東西600mに連なる3つの商店街には焼肉の香りが漂い、食欲をそそること間違いなし。

アクセス方法

なんば駅
↓地下鉄・千日前線5分
鶴橋駅

Korean Kitchen
まだん 鶴橋本店
コリアンキッチン まだん つるはしほんてん

MAP 付録P.19 E-1

予約 可
予算 Ⓓ3800円～

食べてきれいになれる
必食の料理が充実

美と健康にいい韓国料理が味わ
える。ヘルシーなサムギョプサル
や、美肌効果が期待できる唐辛子
を利かせた鍋など、種類も豊富に
ラインナップ。プルコギやビビン
パなど15種の料理がテーブルを
埋める韓定食も見逃せない。

☎06-6767-2525
🏠天王寺区舟橋町5-14 🕐17:00～
24:00(LO23:00) 🈺不定休 🚃各線・
鶴橋駅から徒歩5分 🅿なし

↑のんびり食事を楽しめる掘りごたつ席もある

↑鶴橋エリアのなかでも女性ファンの多さは屈指

↑イイダコの入った辛い鍋料理。鍋の周囲
のポケットに入ったケランチム、チーズ、
コーンマヨ、にんにくごま油4種のフォン
デュ。チュクミ2398円

↑辛さと酸味の絶妙なバランスにファン
が多数。トマトキムチ770円

口の中でほろほろと崩れるまで鶏を煮込むのがまだん流・サムゲタン5280円

↑自分専用のロースターがあるので気兼ねなく焼肉を楽しめる

↑鶴橋駅に改札内にあるので移動の途中に立ち寄れる

予約	不可
予算	Ⓛ580円〜 Ⓓ580円〜

↑「ライククワトロセット」(匠カルビ・ハラミ・バラカルビ・牛タン)1750円は王道部位の組み合わせで大人気

焼肉ライク 近鉄鶴橋駅店
やきにくらいく きんてつつるはしえきてん

MAP 付録P.19 E-2

本格的な味わいの 1人で行ける焼肉屋

1人1台ロースターを完備した気軽に焼肉を楽しめる店。1人でも2〜3種類のお肉を組み合わせてさまざまな部位を注文できる、カスタム焼肉を実現。好きな焼き加減、量、タレの味わいなど、自分のペースで選択できるのが魅力。

☎06-6796-8929
📍生野区鶴橋2-1-20 近鉄鶴橋駅内
🕐11:00〜22:00(LO21:30) 🈺無休
🚃各線・鶴橋駅直結 🅿なし

焼肉 大倉
やきにく おおくら

MAP 付録P.19 E-2

冷凍肉は一切不使用 最高の肉を食べるならここ

提供する肉はその日に仕入れて厨房でさばくため、店には冷凍庫すらない徹底ぶり。先代は良い肉が入らない時は閉店したほどで、特上ランクのA5国産牛のみを厳選するため、肉のプロが選ぶ本当の焼肉を食べることができる。

☎06-6771-1178
📍天王寺区東上町1-63
🕐16:00〜売り切れ次第終了
🈺月曜、不定休 🚃各線・鶴橋駅から徒歩1分 🅿なし

↑ピカピカに磨き上げられた店内で気持ちよく楽しめる

予約	可
予算	Ⓓ5000円〜

↑ピンク色の美しいタンや、黒毛和種のリブロースや三角バラなど、その日の最高の肉が1人前1800円前後なのが驚き

予約	可
予算	Ⓛ2000円〜 Ⓓ4000円〜

↑ボリューム満点!ライスおかわり自由の鶴一ランチ2000円

鶴一 本店
つるいち ほんてん

MAP 付録P.19 D-2

つけダレ発祥の老舗で 本格焼肉をいただく

焼いた肉をたれに付けて食べるスタイルを世に広めた、昭和23年(1948)創業の老舗。秘伝のたれは昔から変わらず好評を博している。鶴橋の名店で本格焼肉を賞味したい。

☎06-6776-2629
📍天王寺区下味原町3-3
🕐10:00(土・日曜、祝日11:30)〜23:00(LO22:00) 🈺月曜(祝日の場合翌火曜) 🚃各線・鶴橋駅からすぐ 🅿なし

↑広い店内は、3階まであり、各テーブルが半個室になっている

↑焼肉店が軒を連ねるなかでも目立つ堂々とした店構え

エリアと観光のポイント ❖
キタはこんなところです ❖

梅田駅周辺に位置する、地下街と連結した巨大ターミナル・シティ。流行や文化の
発信地として大阪を牽引する一方、中之島など歴史を残す街並みも点在する。

JR大阪駅を中心としたキタの繁華街
梅田
うめだ　　→ P.26

関西地区最大のターミナルエリア。
高層ビルが立ち並び、地下には日本
最大級の地下街が広がる。周辺には、
『曾根崎心中』で有名なお初天神、
真っ赤な観覧車が目を引く HEP FIVE
など新旧入り交じる表情が楽しめる。

| 観光の
ポイント | LINKS UMEDA P. 28
大阪ステーションシティ P. 32 |

歩く・観る●旅のきほん

水の都を感じる川沿いのエリア
中之島・北浜
なかのしま・きたはま　　→ P.94

堂島川と土佐堀川に囲まれた中之島
は、明治・大正のレトロ建築が残る
散策の人気エリア。土佐堀川に面す
る北浜は、五代友厚ゆかりの大阪取
引所が建つ。

| 観光の
ポイント | 大阪市中央公会堂 P. 96
中之島香雪美術館 P. 116 |

中崎町

中崎町駅

北区役所○

阪急千里線

天神橋筋六丁目駅

天神橋筋

地下鉄谷町線

JR大阪環状線

長柄出入口

天満駅

扇町駅

天神橋筋

扇町出入口

地下鉄堺筋線

12

天神橋筋商店街

南森町出入口

地下鉄谷町線

JR東西線

南森町駅

大阪天満宮駅

天満天神繁昌亭 ★

★ 大阪天満宮

京橋駅 大阪城公園駅

京阪本線

北浜出入口

堂島川

なにわ橋駅

★ 中之島公園

北浜駅

天神橋

京橋駅 ➡ 天満橋駅

中之島・北浜

地下鉄堺筋線

松屋町筋

高麗橋入口

堺筋

➡ 日本橋駅

日本一長い商店街 ➡P.100
天神橋筋商店街
てんじんばしすじしょうてんがい

1丁目から6丁目まで南北に2.6km、アーケードが続く日本一長い商店街。天神祭には、名物ギャルみこしが巡行し賑わいをみせる。

観光のポイント 大阪天満宮 P.101／P.117
天満天神繁昌亭 P.101

風情ある民家が残るレトロタウン
中崎町 ➡P.104
なかざきちょう

梅田駅から徒歩圏内の昭和の風情漂う街並み。こぢんまりとしたお店が並び、都会の喧騒から離れた癒やしスポットとして注目を集める。

観光のポイント ゆるりカフェ散策 P.104

⟮ 交通information ⟯

キタへのアクセス ▶

鉄道

関西空港	伊丹空港	新大阪駅

関西空港駅	大阪空港駅	地下鉄御堂筋線 7分	JR京都線 4分
JR阪和線・関空快速 1時間	大阪モノレール 2分 → 蛍池駅 阪急宝塚線 15分		

JR大阪駅／各線・梅田駅／各バスターミナルなど

バス

関西空港	伊丹空港
阪急観光バス・関西空港交通バス 大阪駅行き 50〜60分	阪急観光バス・阪神バス 大阪駅行き 30分

JR大阪駅／各線・梅田駅／各バスターミナルなど

うめぐるバスで梅田の街を一周 ▶

グランフロント大阪や北新地、阪急うめだ本店などを巡回する「うめぐるバス」を使えば、疲れることなく梅田エリアをまわることができる。運賃100円、1日乗車券200円。平日は8時台、休日は10時台から18時頃まで、約20分おきの運行。

キタ・観光のポイント ▶

●JR大阪駅を中心に歩こう
大阪駅の時空の広場を起点にすると、位置関係を把握しやすい。中之島やほかのエリアに移動する際は、周辺に点在する各線の梅田駅などを目的地に合わせて利用しよう。

●地下街をうまく活用しよう
梅田には地上と地下の2つの街があるといわれるほど、広大な地下街がある。地上の各施設の地下フロアも含んだ構造は複雑だが、使いこなすと遠方まで地下だけを使ってたどり着ける。飲食店も多いので、小腹がすいたら地下という手も。

問い合わせ先 ▶

大阪観光案内所
☎06-6131-4550
日本有数のターミナル駅であるJR大阪駅中央改札口前に位置する観光案内所。
阪急ツーリストセンター大阪・梅田
☎06-6373-5281
阪急梅田駅構内1階にある観光案内所。交通案内や乗車券販売なども行う。

キタはこんなところです

大阪の文化・芸術・金融の街

中之島・北浜
なかのしま・きたはま

江戸の「諸国之台所」として君臨した中之島。
今は図書館や美術館などの貴重な建物が並び、
大阪屈指のカルチャーエリアとしても名高い。

歩く・観る●中之島・北浜

中之島は江戸時代からの大都会 五代友厚ゆかりの北浜界隈

　堂島川と土佐堀川に挟まれた中州の土地で、江戸期には蔵屋敷が並び、「天下の台所」の中心として発達し、商都大阪を担うが、近代〜現代になると図書館や大学、美術館、病院などが建てられ、芸術・文化の情報も発信している。北浜のエリアには証券関連の施設や会社が集まり、大阪の金融センターとして機能している。

水上バスを楽しむ

中心部を流れる大川を周遊する大阪水上バス「アクアライナー」。川に架かる幾本もの橋をくぐりながら、名所や旧跡をたどる水上散歩が楽しめる。近くのレストランの食事券とのセットや季節のイベントクルーズなど、一風変わったおもしろいプランも。

北に堂島川、南に土佐堀川が流れる中州

中之島
なかのしま

MAP 付録P.12-13

江戸時代初期から大阪経済の中心地として栄えたエリア。島の周辺には現在でもオフィスビルが林立する一方で、美術館や明治・大正期のレトロな建築などが立ち並び、カルチャースポットとしても親しまれている。

江戸期の史跡が点在する、かつての金融街

北浜
きたはま

MAP 付録P.12-13

かつては関西経済を担っていた金融街で、数多くの証券会社が立ち並んでいた。高層ビル群に囲まれたなかに、江戸時代の適塾をはじめとする史跡などが点在する。川辺にある大阪取引所は、金融街・北浜のシンボル。

アクセス方法

梅田駅	東梅田駅
◐地下鉄・御堂筋線 3分	◐地下鉄・谷町線 2分
淀屋橋駅	南森町駅
	◐地下鉄・堺筋線 2分
西梅田駅	北浜駅
◐地下鉄・四つ橋線 1分	
肥後橋駅	

ひと足延ばして

靱公園
うつぼこうえん

中之島から南に約1km
に位置する公園。ケヤ
キ並木やバラ園があり
散策が気持ちいい東園
と、テニスセンター中
心の西園に分かれる。

MAP 付録P.6 B-2

☎06-6941-1144(大阪城
公園事務所) 所西区靱本
町 閉休料園内自由 交地
下鉄・本町駅から徒歩5分
Pあり

⬆公園はかつて駐留米軍の
飛行場があった場所

⬆水都・大阪を象徴する中
之島の街。ビルに囲まれ
た緑豊かな中之島公園は
さながら都会のオアシス

中之島フェスティバルシティ
なかのしまフェスティバルシティ

コンサートホール、美
術館、ホテルや商業施
設を備える中之島のラ
ンドマーク。高さ200
mの超高層ツインタワ
ーが目印。

MAP 付録P.12 A-3

中之島公園
なかのしまこうえん

バラ園や噴水など水と
緑が豊かで、周囲のオ
フィス街で働く人の憩
いの場となっている。

MAP 付録P.13 F-4

北浜レトロ
きたはまレトロ

明治時代の洋館を
利用したカフェ。
スコーンやケーキ
などがのる英国式
アフタヌーンティ
ーもある。

MAP 付録P.13 F-4

中之島・北浜

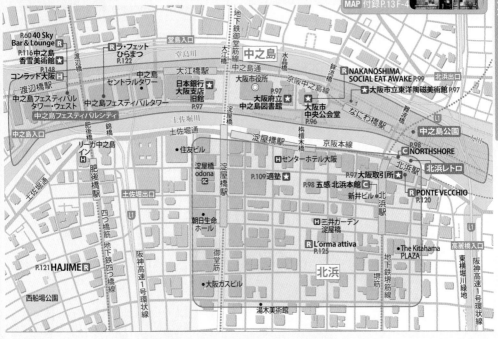

P.60 40 Sky Bar & Lounge R
P.116 中之島 香雪美術館 ★
コンラッド大阪 H P.148
渡辺橋駅
中之島フェスティバル タワー・ウエスト
中之島フェスティバルシティ
中之島入口
R ラ・フェット ひらまつ P.122
渡辺橋
中之島 セントラルタワー
中之島フェスティバルタワー
肥後橋
錦橋
リーガ中之島 イン
肥後橋駅
土佐堀出口
土佐堀通
大江橋駅
堂島入口
堂島川
大江橋
日本銀行 ★ 大阪支店 旧館 P.97
土佐堀川
土佐堀通
淀屋橋 odona SC
淀屋橋駅
朝日生命 ホール
御堂筋
中之島
大阪市役所
京阪中之島線
中之島通
水晶橋
大阪市立 中之島図書館 P.97
大阪市 中央公会堂 ★ P.96
淀屋橋駅
京阪本線
H センターホテル大阪
P.109 適塾 ★
梅田 木 橋
R NAKANOSHIMA SOCIAL EAT AWAKE P.99
鉾流橋
★ 大阪市立東洋陶磁美術館 P.97
なにわ橋駅
難波橋
中之島公園
大川
P.98
C NORTHSHORE
北浜出口
L1
北浜駅
P.97 大阪取引所
P.98 五感 北浜本館 C
新井ビル
北浜駅
北浜レトロ
R PONTE VECCHIO P.120
H 三井ガーデン 淀屋橋
R L'orma attiva P.125
● The Kitahama PLAZA
高麗橋入口
地下鉄堺筋線
北浜
堺筋
東横堀川緑地
阪神高速1号環状線
L1
P.121 HAJIME R
阪神高速1号環状線
地下鉄四つ橋線
四つ橋筋
● 大阪ガスビル
● 湯木美術館
西船場公園

95

中之島・北浜見どころ散策

文化が薫る
水辺の街を歩く

戦前に建築されたレトロな建物が残る一方、
美術館や博物館などのカルチャー・スポットも多い。

ダイビル 本館

ダイビル ほんかん

MAP 付録P.6 B-1

大正ロマン漂うビル

大正14年(1925)建築の
大規模オフィスビルを
改築。低層部には、高
感度な飲食店などが11
店入る。

🏠店舗により異なる
🏢北区中之島3-6-32
🕐フロアにより異なる
🚫店舗により異なる
🚃京阪・渡辺橋駅直結
🅿️あり

⬆️大正時代の面影を残す外観低層部は、建
て替えられたあとも変わらず往時のまま

立ち寄りスポット

クリエイティブの発信地

graf

グラフ

MAP 付録P.6 B-1

暮らしに対する想いを共有したデ
ザイナーや家具職人が作るオリジ
ナル家具や、ゆったり過ごせるカ
フェがある、中之島のおしゃれな
空間。2階には新たに展示などを
行なうスペースも完成。

🏠06-6459-2100 🏢北区中之島4-1-
9 graf studio 🕐11:30〜18:00
🚫月曜(祝日の場合は翌日) 🚃京阪
線・中之島駅から徒歩8分 🅿️なし

国立国際美術館

こくりつこくさいびじゅつかん

MAP 付録P.6 B-1

国内外の現代美術を発信

海外の巨匠から国内の若手ア
ーティストの作品まで幅広く
紹介する美術館。建築家シー
ザー・ペリによる完全地下型
の設計も見どころ。

⬆️建物自体が作品のような
現代的な外観

🏠06-6447-4680
🏢北区中之島4-2-55
🕐10:00〜17:00(金・土曜
は〜20:00、入場は閉館30分
前まで) 🚫月曜(祝日の場合
は翌日)、展示替え期間、ほ
か臨時休あり 🈯430円(特
別展は展示により異なる)
🚃地下鉄・肥後橋駅から徒歩
10分 🅿️なし

大阪市立科学館 ➡️P.116

おおさかしりつかがくかん

MAP 付録P.6 B-1

科学を身近に楽しめる

体験型展示が多く、子ども
から大人まで楽しめる。世
界最大級のドーム型スクリ
ーンで観るプラネタリウム
は最高の臨場感が味わえる。

⬆️科学実験が見られるサイエ
ンスショーは、子どもだけでな
く大人も引き込まれる

大阪市中央公会堂

おおさかしちゅうおうこうかいどう

MAP 付録P.13 E-3

日本近代建築を代表する、レンガ造りの建物

大正7年(1918)、正義感の強さから「義侠の相場師」
とも呼ばれた株式仲買人・岩本栄之助の寄付により建
設。基本設計は設計競技で1位になった岡田信一郎案
を採用し、実施設計を辰野金吾、片岡安が行った。

🏠06-6208-2002(9:30〜20:
00) 🏢北区中之島1-1-27 🕐
9:30〜21:30 🚫第4火曜(祝日
の場合は翌日) 🈯無料(館
内は地下1階展示室と自由見学
エリアのみ見学可)、週1回(不
定期)ガイドツアーあり(有料、
要予約) 🚃各線・淀屋橋駅か
ら徒歩5分 🅿️あり

⬆️国の重要文化財にも指定さ
れる、ネオ・ルネサンス様式を
基調とした建物

↑大江橋をくぐる「なにわ探検クルーズ」

渡りたくなる中之島の橋

中之島に架かる幾本もの美しい橋。街の歴史とともに歩む橋に秘められた物語を探るのもおもしろい。

大江橋
おおえばし

MAP 付録P.12 C-3

堂島開発に伴って架設され、昭和10年(1935)に改築。淀屋橋とともに重要文化財に指定されている。

水晶橋
すいしょうばし

MAP 付録P.13 D-3

昭和4年(1929)に堂島川浄化を目的に可動堰として建設。重厚な雰囲気で夜はライトアップされる。

難波橋
なにわばし

MAP 付録P.13 F-4

土佐堀川と堂島川を渡る橋。南詰と北詰に獅子像があることから、ライオン橋とも呼ばれている。

↑住友グループ21社から寄贈された安宅コレクションを中心に昭和57年(1982)に開館した

大阪市立東洋陶磁美術館
おおさかしりつとうようとうじびじゅつかん

MAP 付録P.13 E-3

最高峰の陶磁器コレクション

国宝の『油滴天目茶碗』と『飛青磁花生』を含む、中韓日の陶磁器約5700件を収蔵。自然採光を取り入れた展示ケースも見どころ。

☎06-6223-0055 ㊟北区中之島1-1-26 ⏰9:30〜17:00(入館は〜16:30) ㊡月曜(祝日の場合は翌日)、展示替え期間 ㊟展覧会ごとに定める ㊩京阪線・なにわ橋駅からすぐ Ｐなし ※2024年春まで改修工事のため休館

↑古典籍や大阪に関連した資料、ビジネス書籍などを中心に蔵書は約65万冊
©ShoPro・長谷工・TRC共同事業体

大阪府立中之島図書館
おおさかふりつなかのしまとしょかん

MAP 付録P.13 D-3

荘厳なギリシャの神殿を彷彿させる、知の宝庫

明治37年(1904)、住友家の寄付により開館した公立図書館。大正11年(1922)には左右両翼を増築した。外観はルネサンス様式、内部はバロック様式を用いている。

☎06-6203-0474(代表) ㊟北区中之島1-2-10 ⏰9:00〜20:00(土曜は〜17:00) ㊡日曜、祝日、3・6・10月の第2木曜 ㊩無料 ㊩各線・淀屋橋駅から徒歩5分 Ｐなし

日本銀行大阪支店 旧館
にっぽんぎんこうおおさかてん きゅうかん

MAP 付録P.12 C-3

島原藩蔵屋敷跡に建つ

ベルギー国立銀行などをモデルにした旧館は辰野金吾が設計。明治36年(1903)の竣工。円形ドームを中央に冠したシンメトリーが特徴的。

☎06-6206-7742 ㊟北区中之島2-1-45 見学はネット予約制 ㊩無料 ㊩各線・淀屋橋駅からすぐ Ｐなし 側本支店内の

大阪取引所
おおさかとりひきじょ

MAP 付録P.13 F-4

花崗岩張りの旧市場館

円柱のエントランス部分「旧市場館」は、昭和10年(1935)に竣工した大阪株式取引所(戦後、大阪証券取引所)の建物をほぼそのまま保存。

☎06-4706-0800 ㊟中央区北浜1-8-16 ⏰見学自由(月〜金曜9:00〜16:30) ㊩無料 ㊩各線・北浜駅直結 Ｐなし

↑前身となる大阪株式取引所を設立した、五代友厚の銅像が立つ

中之島・北浜の素敵なカフェ&レストラン

エレガントに、憩いの時

季節を感じるオープンカフェや、
街のレトロな建物にある隠れ家のような店など
緑あふれるエリアで見つけた特別な場所をご紹介。

歩く・観る●中之島・北浜

←元銀行の執務室ならではの重厚な空間が、落ち着いた雰囲気を演出する(五感 北浜本館)

人気パティスリー直営のティールーム

カフェ

五感 北浜本館
ごかんきたはまほんかん

| 予約 | 不可 |
| 予算 | ⓁⒹ1000円〜 |

MAP 付録P.7 E-1

米粉を使った斬新なロールケーキなどで知られるパティスリーの2階に併設されたサロン。大正ロマンの雰囲気に浸りながら、熟練のパティシエが手がける本格派スイーツをはじめ、手間ひまかけたメニューに舌鼓を打ちたい。

↑14時以降の限定メニュー。デザートフレンチトースト季節のフルーツとバニラアイスクリーム添え1210円

☎06-4706-5160
所中央区今橋2-1-1 新井ビル
⏰10:00〜19:00(LO18:00)
休1月1〜3日、年1日不定休
交各線・北浜駅から徒歩2分
Pなし

→大正期の建築家・河合浩蔵が手がけたレトロビル

テラス席が心地よい水辺のカフェ

カフェ

NORTHSHORE
ノースショア

| 予約 | 可(ランチ8名以上) |
| 予算 | Ⓛ800円〜 |

MAP 付録P.13 F-4

果物店ハナフルのプロデュースだけに、メニューには新鮮な野菜やフルーツがたっぷり。ランチは行列必至で、2階のテイクアウト専用カウンターを利用するのもおすすめ。ウォーターサイドの眺めも素敵だ。

↑ボリューム満点のスプラウトサンドイッチ1200円〜

☎06-4707-6668
所中央区北浜1-1-28 ビルマビル1-2F
⏰7:00〜18:00
休不定休
交各線・北浜駅からすぐ
Pなし

→オフィス街にありながら贅沢なテラスからの眺めが人気のカフェ

↑本格的な薪窯を店の奥に構え、焼きたてのピザを提供している

↑薪窯で焼く焼きたてのピザは、ほのかに甘く香ばしい。晴れの日は開放感あふれるテラスで食べたい。マルゲリータ1650円(ランチ1200円)

季節を感じるガーデンテラスは大阪の癒やし空間

イタリア料理

GARB weeks

ガーブ ウィークス

MAP 付録P.13E-4

大阪市中央公会堂と堂島川を望む絶好のロケーションである、中之島公園内のカフェレストラン。ピザ職人が薪窯で焼く本場ナポリのピッツァを中心に、大阪の地野菜を使った料理など、素材の自然な味を楽しめる。

予約	可
予算	Ⓛ1000円〜
	Ⓓ3000円〜

☎06-6226-0181
所北区中之島1-1-29 中之島公園内 営11:30〜15:00(LO) 17:30〜21:30(LO) 休無休 交京阪線・なにわ橋駅からすぐ Pなし

↑バーナーを使って焼き上げる表面がパリパリのクレームブリュレ600円

↑緑に囲まれた74席のガーデンテラスでは、BBQも楽しめる

↑入口は大阪市中央公会堂の正面にある

↑やわらかくジューシーな国産牛フィレ肉ランチ

レトロ空間×モダン料理の華麗なる競演

洋食

NAKANOSHIMA SOCIAL EAT AWAKE

ナカノシマソーシャル イート アウェイク

MAP 付録P.13E-3

大正時代に建てられた大阪市中央公会堂内にあるレストラン。レトロな雰囲気が漂う空間で、本格洋食メニューや前菜、肉料理とともにワインも楽しめる。カフェやバル使いもできるので、使い勝手は抜群。

☎06-6233-9660
所北区中之島1-1-27 営ランチ11:00〜15:00(LO、土・日曜、祝日は〜16:00LO) ディナー17:00〜21:00(LO) カフェ11:00〜19:00(LO) 休第4火曜 交京阪線・なにわ橋駅からすぐ P大阪市中央公会堂駐車場を利用

↪名物のオムライスはふわふわ卵に赤ワインで長時間煮込んだデミグラスソースがたっぷり。牛肉煮込みのオムライス1250円(ランチはサラダ付1450円)

予約	可
予算	Ⓛ1450円〜
	Ⓓ3500円〜

歩けば片道40分の大商店街
天神橋筋商店街
てんじんばしすじしょうてんがい

JR天満駅からアーケード街を北上すれば、
さまざまな意匠の鳥居にも出会う。「天二」からは
「天満のてんじんさん」の参拝に出かけよう。

アクセス方法

大阪駅	東梅田駅	
JR大阪環状線 2分	地下鉄・谷町線 4分	地下鉄・谷町線 2分
天満駅	天神橋筋六丁目駅	南森町駅

歩く●観る●天神橋筋商店街

4体の「お迎え人形」に歓迎されて
日本最長の商店街を食べ歩いてみる

南天満公園に「天満青物市場跡」の石碑
が立つが、この秀吉時代の市場が天神橋筋
商店街の前身だという。日本一長い商店街
として知られ、長さは南北に約2.6kmあり、
600店ほどの店舗が並ぶ。
　1丁目から6丁目までアーケードが続き、
それぞれ天一〜天六と呼ばれている。丁目
ごとに特徴があって観察するのもおもしろ
いが、この商店街の天二近くには天神祭で
も有名な大阪天満宮もあるので足を運ぶと
いい。祭神はもちろん菅原道真公で、多く
の参拝客が訪れる。　**MAP** 付録P.5 F-2

↑天三には空を飛んでいるかのような4つの鳥居があり大阪天満宮の表参道をイメージしている
↓日本一の長さを誇る商店街は、アーケードがあるので雨の日の観光におすすめ

大阪天満宮

おおさかてんまんぐう

MAP 付録P.5 F-4

梅まつりで賑わう道真公ゆかりの社

菅原道真公が祀られ、学問や芸能の神様として人々から信仰を集めている。毎年2月上旬～3月中旬にかけて「てんま天神梅まつり」が開催され、能楽や神楽などの行事に紅白の梅が彩りを添える。梅酒市や夜間拝観などにも注目したい。

➡ **P.117**

約100本の梅の木が咲き誇る

水都大阪の天神祭を楽しむ

毎年7月24～25日に開催される日本三大祭りのひとつ。船渡御の豪華な船の行列と奉納花火が見どころ。

※2024年は2月10日～3月3日に開催

大阪くらしの今昔館

おおさかくらしのこんじゃくかん

MAP 付録P.5 F-1

江戸時代の大坂に迷い込む

大阪のまちと住まいの歴史を展示。実物大の江戸時代の町や、明治から昭和の精巧なジオラマ模型がある。

☎06-6242-1170　**所**北区天神橋6-4-20
営10:00～17:00(入館は～16:30)
休火曜　**料**600円　**交**地下鉄・天神橋筋六丁目駅直結／JR天満駅から徒歩8分　**P**あり

当時の技法で造った本物の町家が並ぶ常設展示室

ぷららてんま 天満市場

ぷららてんま てんまいちば

MAP 付録P.5 F-2

日本が誇るなにわの台所

天神橋筋商店街とともに歴史の長い市場。地下1階、地上2階建てのフロアに、鮮魚店や青果店など50を超える専門店が集結している。

☎06-4800-2878(天満総合管理)　**所**北区池田町3-1　**営**店舗により異なる(1Fは水曜休)　**交**JR天満駅から徒歩3分　**P**あり

↑観光客も気軽に立ち寄ることができる

天満天神繁昌亭

てんまてんじんはんじょうてい

MAP 付録P.5 F-4

上方落語協会が運営する落語専門の定席施設

ベテランから若手まで、多彩な出演者が魅力。昼は週替わり、夜は日替わりで、バラエティに富んだ高座が連日行われている。

☎06-6352-4874　**所**北区天神橋2-1-34
営昼席13:30～、夜席は公演により異なる
休無休　**料**2800円(前売り・65歳以上2500円)
交JR大阪天満宮駅から徒歩3分　**P**なし

↑落語以外の色物の芸もあり、誰もが楽しめる

↺2006年のオープン以来、上方落語の定席として人気

大阪くらしの今昔館 P.101
P.103 奴寿司総本店 R
P.128
うまい屋 R
すし政中店 R ☆ぷららてんま P.101
P.102 墨田回転鶏料理 天満本店 P.103
R千草 P.133
☆天満天神繁昌亭 P.101
☆大阪天満宮 P.101/P.117
↺南天満公園

天神橋筋商店街

ひと足延ばして 大川沿いの桜スポットへ

水の都を代表する大川沿いは、桜の名所として知られ、整備された遊歩道から美しい景観が楽しめる。

毛馬桜之宮公園
MAP 付録P.2 B-2

造幣局 桜の通り抜け
MAP 付録P.2 B-2

商店街はグルメ激戦区

天満で寿司&屋台ごはん

通称「天五(てんご)」とよばれる天神橋5丁目界隈は、歴史ある天満市場から広がるエリアで、安くておいしい握り寿司が充実。駅前から一本路地に入ると、仕事帰りの客で賑わう屋台街があり、「裏天満(うらてんま)」と親しまれている。

⊕席からカウンターが近いので、気軽に職人に注文しやすい

すし政 中店
すしまさなかみせ

MAP 付録P.5 F-1

激戦区で創業50年以上愛され続ける老舗寿司店

「天満に来たら、安くてうまい寿司を食べられると思ってもらいたい」と語る店主。鮮度の高い中トロやサーモンなど、客を見ながらテンポよく寿司を握る職人に、際限なく注文してしまいそう。

☎06-6358-2558
🏠北区天神橋5-6-19
🕐11:00〜23:00(LO22:30)
🚫月曜(祝日の場合は水曜もしくは木曜)
🚃JR天満駅から徒歩3分 🅿なし

予約	可(3名以上)
予算	LD 1700円〜

⊕天神橋筋五丁目商店街に大きく店を構える

⊕ランチ上定食1080円(左上)。あぶりサーモン440円(右上)。中トロ550円(右下)。鯛330円(左下)。昼から寿司三昧できるのがうれしい

奴寿司総本店

やっこすしそうほんてん

予約 可(人数要相談)

MAP 付録P.5 F-1

旨ネタを1貫ずついろいろ
いただくお値打ちスタイル

昭和33年(1958)創業の老舗寿司店。名物は
違うネタを2貫一皿330円ずつ食べられるだ
け握ってくれるおまかせコース。トロやウニ
も登場し、単品で頼むよりお得なのでおすす
めだ。旬のものが味わえる季節ネタも魅力。

☎06-6358-4427
🏠北区天神橋5-6-22　🕐12:00～21:00(ネタ切れ次
第終了)　🚫水・木曜　🚉地下鉄・天神橋筋六丁目駅
から徒歩5分　🅿なし

⬆アイドルタイムなしで営業。休日なら昼遅めの来店
が狙い目。1階のカウンターのほか、2階に座敷(2日
前までに要予約、5人～)もあり

⬆おまかせコースのネタ例。トロ、シマアジ、ウニ、エビなど。老舗ならでは、ネタ自体の鮮度と濃
い旨みも人気の秘密だ

墨国回転鶏料理 天満本店

ぼっくかいてんとりりょうり てんまほんてん

MAP 付録P.5 F-2

メキシカン居酒屋の看板メニューは
手間ひまかけて焼き上げるチキン

天満市場のすぐ北にあるメキシカンバル。
屋台気分を盛り上げる回転鶏は、特注マシ
ンで焼くこと1時間半、外パリ、中ジュワの
逸品に。そのまま食べるもよし、トルティー
ヤで巻いてマイタコスにするもよしと、
最高の酒肴になること間違いなし。

☎06-4801-8424
🏠北区池田町8-4　🕐17:00(土・日曜、祝日12:00)
～23:30(フードLO22:30、ドリンクLO23:00)
🚫無休　🚉JR天満駅から徒歩3分　🅿なし

予約 可
予算 Ⓓ2000円～

⬆ポップなカラーで彩られた、メキシコの大衆居酒
屋のような雰囲気の店内(左)。開放感のあるテラス
席も(右)

⬇野菜とフルーツで作る漬け汁でマリネし
た風味豊かな鶏肉は、メキシカンビールが
すすむこと請け合い。回転鶏半羽935円～

天満で寿司&屋台ごはん

103

レトロ×モダンな街をお散歩

中崎町

なかざきちょう

アクセス方法
東梅田駅
🚇地下鉄・谷町線2分
中崎町駅

古い民家やおしゃれなカフェが立ち並ぶ大阪の
人気スポット。昔ながらの街並みに、ショップや
クリエイターが集まり独自の文化を形成している。

歩く・観る●中崎町

ステキな店が立ち並ぶ
ゆるりカフェ散策

こぢんまりとした、昔ながらの建物をセンスよく利用した
狭い路地にカフェや古着屋、雑貨屋などが並ぶ。
古い木造の家屋が醸す、ほっこり感がとてもいい。

⬆豆腐ティラミス660円〜は6種類。プレミアほうじ茶550円(左)。
ハーブティー・ラズベリーブレンド(ホット)605円(右)

カヤカフェ

⬆レトロな街並みに
たたずむ長屋カフェ

MAP 付録P.5 D-1

長屋のレトロな街並みと
落ち着く空間でティータイムを満喫

古い長屋が並ぶ一角にあり、店内は奥へと続くうなぎ
の寝床。古道具がディスプレイされ、懐かしい雰囲気
だ。一人でも落ち着ける空間で、静かに読書を楽しむ
人も。名物のオムライスのほか、自家製スイーツも自
慢で、升に入った豆腐ティラミスはぜひ食べてみたい。

📞06-6450-8300 🏠北区中崎西4-2-13
🕐平日不定、土・日曜、祝日11:00〜19:00、LO18:00
🈺不定休 🚇地下鉄・中崎町駅から徒歩15分 🅿なし
💡築90年の古民家を改装した落ち着きのある店内には
古道具が並ぶ

もなか珈琲

もなかこーひー

MAP 付録P.5 D-1

豆本来の味を楽しむ
コーヒーロースターカフェ

コーヒーの香りが店内に漂い、ていねいに淹れたコーヒーとケーキを味わえるカフェ。店内にあるロースターで焙煎された豆を使用し、抽出や器具にこだわってドリップしたコーヒーは豆それぞれの味わいをしっかり感じられる。落ち着いた路地にあり、くつろぎの時間を満喫したい。

☎06-6374-0664 🏠北区中崎3-3-13 🕐12:00～18:00(LO17:30) 🈔不定休 🚉地下鉄・中崎町駅から徒歩3分 🅿なし

⬆豆の産地などの個性に合わせてロースターで焙煎を行っている

➡ドリップバッグやカフェラテベースも販売している

店内では抽出したてのドリップコーヒーとケーキを味わえる

蜜香屋 中崎町本店

みっこうや なかざきちょうほんてん

MAP 付録P.5 E-2

焼き芋ブームで大人気!
上質なサツマイモスイーツ

中崎町商店街にある大人気のサツマイモカフェ。定番の焼き芋をはじめ、サツマイモチップスやパフェ、芋ぜんざいなどカフェメニューを用意。季節ごとにおいしい芋を数種類用意する焼き芋は、異なるサツマイモの品種や甘みを感じられるようていねいに焼き上げている。

☎06-6147-9320 🏠北区中崎1-6-20 🕐12:00～19:00 🈔火曜 🚉地下鉄・中崎町駅から徒歩1分 🅿なし

⬆テイクアウトも可能。焼き芋は1つずつ大きさや形が異なるので、量り売りスタイル

➡塩と自家製の芋蜜(焼き芋からとれる蜜にきび砂糖などを掛け合わせたもの)をたっぷりとかけて提供する中崎ポテト720円(イートインの価格)

⬆環境にやさしい土作りを経て生まれる焼き芋。こぼれ出るほどの蜜が詰まったアツアツで甘い味わいを堪能したい

歴史 太閤さんの夢の跡につくられた活気に満ちた街

堀沿いに陽気な文化が花開く

秀吉に始まる水運を駆使した街づくりにより、この地には多くの商人が集まり、町人の文化が花開いた。
街の過去が眠るスポットを探索し、あふれるエネルギーと人情の理由を見つけ出そう。

歩く・観る●歴史

**戦国時代～
安土桃山
時代**

太閤さんの街づくり
豊臣秀吉の本拠に

**石山本願寺の跡地に秀吉は大坂城を建造
町人町がメインの城下町は城の西側に広がった**

戦国時代、現在の大阪城周辺の上町台地には、浄土真宗の一大拠点、石山本願寺を中心とする寺内町が広がっていた。室町将軍の座する京都と商業で栄えた堺を結ぶ淀川・大川をにらむ交通の要衝に全国の信徒の富を集め、堅固な堀と塀に守られていたが、元亀元年(1570)から11年にわたる石山合戦ののち織田信長に明け渡される。

本能寺の変ののち信長の後継者となった羽柴秀吉はこの地を本拠と定める。天正11年(1583)、石山本願寺の旧地に大坂城を築城。関白の地位、豊臣姓をいただき天下統一を成し遂げた秀吉のもと、文禄3年(1594)には、城と城の西側の低地に広がる城下町に堀と道路を基盤の目のように張り巡らす、惣構えの建設が始まる。堺や伏見などから町民が移り住み、土地の60%以上が武家地だった江戸とは違い、大坂はその75%ほどが町人町で占められた。

慶長3年(1598)の秀吉の死後も、遺児・秀頼とその母、淀殿を中心に政権は維持された。だが、江戸を本拠とした徳川家康がしだいにその野心を露わにし、豊臣政権の中心を担う石田三成と対立。慶長5年(1600)、天下分け目の合戦、関ヶ原の戦いへとなだれ込む。

⬆黒田長政が絵師に描かせた『大坂夏の陣図屏風』<大阪城天守閣所蔵>の天守閣。黒と金で塗られきらびやかな城構え。現在の天守閣もこの図屏風をもとに再現された

生國魂神社
いくくにたまじんじゃ

谷町九丁目 **MAP** 付録P.9 F-3

関西では「いくたまさん」として親しまれる。約2700年の歴史を持つ大阪最古の神社で、第一代神武天皇が創祀された。秀吉の大坂城築城の際に現在地へ遷座したが、もとは上町台地の北端、石山本願寺もこの社の神域の一画に建てられていた。
🚇地下鉄・谷町九丁目駅から徒歩4分

豊臣秀吉 ▶辞世は「浪速のことも夢のまた夢」

一足軽から天下人へと成り上がった日本史上最高の出世人。尾張国愛知郡中村郷(現・名古屋市)に天文6年(1537)に生まれたとされる。木下藤吉郎と名乗り、やがて織田信長に仕え、羽柴秀吉と改名し、数々の功績を挙げて台頭していく。本能寺の変が起こると明智光秀を山崎で撃破。信長の後継者となり、天正18年(1590)、天下統一を果たした。

太閤検地や刀狩りで兵農分離を徹底し国内統治を確かなものにすると、朝鮮侵略(文禄・慶長の役)へと乗り出す。だが戦況は思うようには進まず、秀吉は病に伏す。徳川家康ら五大老と石田三成ら五奉行に後事を託し、京都・伏見にて死去。享年62。

戦国に終わりを告げた大決戦

大坂冬の陣・夏の陣

家康は鐘銘を言いがかりに秀頼の大坂方を攻撃
幸村は「真田丸の戦い」で歴史に名を刻む

関ヶ原の戦いで勝利した徳川家康は天下を実質的に掌握し、しばらくは平穏な日々が続く。しかし慶長19年（1614）、秀吉が開いた京都東山方広寺の鐘が完成すると、その銘文に「国家安康」とあることが家康の名を分断するものと難癖をつけ、家康はこれを大坂城の秀頼討伐の口実として大坂冬の陣が始まる。

城を包囲する徳川の軍勢は20万、しかも外国製の最新式大砲も投入された。大坂側は籠城態勢をとるが、入城した牢人衆の真田信繁（幸村）は防御が手薄な城の南側に曲輪（出城）・真田丸を造築、「真田丸の戦い」では前田利常らの軍勢を撃退しているが、和議の条件により破砕された。

⬆きっかけとなった京都・方広寺の鐘の銘

淀殿・秀頼母子は自刃、庶子・国松も8歳で斬首
豊臣と徳川の決戦の終わりは戦乱の世の終わり

冬の陣は外堀を埋めることなどを条件に和議が成立するが、徳川が内堀も埋めたため、戦はこれでは終わらなかった。秀頼は再び戦争の準備にかかっているのではないか、と疑った家康は慶長20年（1615）4月、諸大名に出兵を命じた。

本格的な戦闘は5月6日の道明寺付近（藤井寺市）で起こり、後藤又兵衛基次や木村重成らの武将が戦死する。翌7日の天王寺・岡山の決戦では、家康本陣突き崩しを成し遂げた真田信繁も討たれた。同日夕刻、天守が炎上、すでに2万人以上の死者を出していた。

翌日、淀殿と秀頼の母子が自害、豊臣氏は滅亡し、戦乱の時代の終焉となる。いわゆる元和偃武だ。

西暦	元号	主な戦い
1614	慶長19	10月1日 徳川家康が大坂への出陣を宣言
		11月19日 木津川口の戦い（冬の陣緒戦）
		11月26日 鴫野・今福の戦い
		11月29日 博労淵の戦い
		11月29日 野田・福島の戦い
		12月4日 真田丸の戦い
		12月20日 休戦の和議が成立
1615	慶長20	4月6日 家康が再度の大坂出陣を宣言
		4月28日 樫井の戦い
		5月6日 八尾・若江の戦い
		5月6日 道明寺の戦い
		5月7日 天王寺・岡山の戦い
		5月7日 大坂城落城

茶臼山（天王寺公園）
ちゃうすやま（てんのうじこうえん）

天王寺 **MAP** 付録P.18 B-2

大坂の陣の舞台となった場所。冬の陣では家康の本陣が、夏の陣では真田幸村の本陣がここに置かれていた。山頂や周辺には、これらを示す石碑や看板などがある。
🚋各線・恵美須町駅から徒歩8分

豊臣秀頼・淀殿ら 自刃の地碑
とよとみひでより・よどどの じじんのちひ

大阪城 **MAP** 付録P.2 C-1

秀頼と淀殿が武将らが自害した場所とされる。家康は秀忠の娘で秀頼の正室・千姫は城から脱出させたが、母子の助命は許さなかった。
🚋大阪城公園内

豊臣五人衆 大坂を舞台に、その名を轟かせた豪の者たち

豊臣家に恩義を感じる者、最後の戦に死に場所を求めた者、多くの浪人たちが大坂城に集まった。特に中心となった歴戦の勇士は五人衆と呼ばれた。

真田信繁（幸村）
さなだ のぶしげ（ゆきむら）

赤備えを率いて参戦。真田丸の戦い、天王寺・岡山の戦いと、「日本一の兵」と語り継がれる奮闘ぶりをみせた。

毛利（森）勝永
もうり（もり）かつなが

豊臣家の家臣。真田信繁とともに天王寺・岡山の戦いで活躍。真田隊壊滅後に退却の指揮をとる。豊臣秀頼の介錯を務めたのち自害。

後藤基次（又兵衛）
ごとう もとつぐ（またべえ）

黒田家で勇名を誇ったが、藩主交替の際に出奔。道明寺の戦いで10倍以上の大軍に突撃し討死。

明石全登
あかし たけのり

宇喜多家で重用され、関ヶ原でも活躍したキリシタン武将。敗戦後の行方や名の読み方など諸説ある謎の多い武将。

長宗我部盛親
ちょうそかべ もりちか

もとは土佐の大名。旧臣とともに参戦。敗戦後、京都に潜伏していたのを発見され、斬首された。

天下の台所は水の都
日本経済の中心地に

大坂は金融の要衝。土佐堀川や天満堀川沿いに
蔵屋敷が立ち並び、米や特産品が売買された

　大坂の陣で大坂は荒廃するが、家康の外孫にあたる摂津
大坂藩主・松平忠明によって街の整備が図られる。
　元和5年(1619)には幕府直轄領となり、大坂の経済力は
幕府が掌握。翌年からは大坂城築城が開始され、秀吉の大
坂城は地下に埋められた。翌年には菱垣廻船が大消費都
市・江戸に醤油や酒などの日用品を初めて運び、寛文12年
(1672)には河村瑞賢によって西廻航路も開拓された。
　大坂の都市開発は戦国時代から江戸期を通じて行われ、
いくつもの堀川が開削されてきたが、それらの沿岸に幕府や
諸大名、寺社などによって蔵屋敷が集中して設置され、倉庫
を兼ねた販売機関として機能した。

三大市場 ◀ 「天下の台所」の台所を支える

　大坂近辺の流通の基幹となったのが、堂島米市場、
天満青物市場、雑喉場魚市場の3つの市場。特に堂
島米市場は日本全国からの年貢米が集積する場所で、
江戸時代を通じて日本経済の中心でもあった。世界的
にみても早い段階で、米の先物取引が始められたこと
でも知られる。一方、庶民の胃袋を満たす青物市場と
魚市場は、昭和6年(1931)に大阪市中央卸売市場へ
と統合されるまで、大いに賑わった。

堂島米市場跡
どうじまこめいちばあと

堂島 **MAP** 付録P.12 B-2
中之島ガーデンブリッジを北へ渡った
ところにある。現在も一帯は銀行やオ
フィスが集積する大阪経済の中心地。
🚇JR北新地駅から徒歩5分

歩く観る●歴史

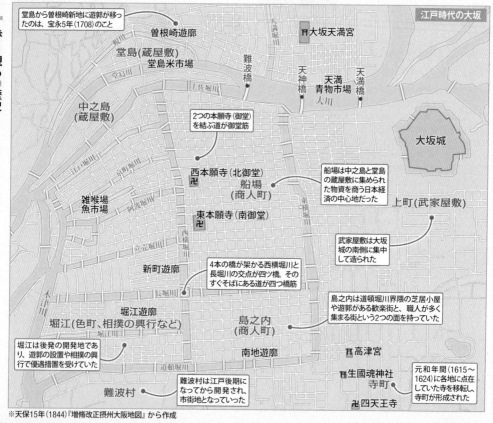

江戸時代の大坂

堂島から曽根崎新地に遊郭が移っ
たのは、宝永5年(1708)のこと

曽根崎遊廓

堂島(蔵屋敷)
堂島米市場

大坂天満宮

難波橋

天神橋

天満
青物市場

天満橋

大川

中之島
(蔵屋敷)

土佐堀川

堂島川

大坂城

2つの本願寺(御堂)
を結ぶ道が御堂筋

西本願寺(北御堂)卍
船場
(商人町)

船場は中之島と堂島
の蔵屋敷に集められ
た物資を商う日本経
済の中心地だった

雑喉場
魚市場

東本願寺(南御堂)卍

上町(武家屋敷)

武家屋敷は大坂
城の南側に集中
して造られた

新町遊廓

4本の橋が架かる西横堀川と
長堀川の交点が四ツ橋。その
すぐそばにある道が四つ橋筋

島之内は道頓堀川界隈の芝居小屋
や遊郭がある歓楽街と、職人が多く
集まる街という2つの面を持っていた

堀江遊廓

堀江(色町、相撲の興行など)

堀江は後発の開発地であ
り、遊郭の設置や相撲の興
行で優遇措置を受けていた

島之内
(商人町)

南地遊廓

高津宮

生國魂神社
寺町

難波村

難波村は江戸後期に
なってから開発され、
市街地となっていった

四天王寺卍

元和年間(1615〜
1624)に各地に点在
していた寺を移転し、
寺町が形成された

木津川

西横堀川

東横堀川

江戸堀川

京町堀川

阿波堀川

立売堀川

道頓堀川

長堀川

※天保15年(1844)『増脩改正攝州大阪地図』から作成

**人口30万余の多くが町人だった大坂を中心に
元禄文化が開花。塾校開校や科学分野も盛んに**

　町人の台頭を背景に将軍綱吉の元禄年間(1688〜1704)に、上方を中心とする元禄文化という日本独自の文化が生まれた。井原西鶴は町人生活を描く浮世草子作家として、後世にも大きな影響を与えた。

　近松門左衛門は人形浄瑠璃や歌舞伎の脚本を書き、その『曽根崎心中』は竹本義太夫によって演じられ、評判を呼んだ。上方歌舞伎で和事(男女の恋愛や情痴を演じる芸)を確立した坂田藤十郎も多くの近松の作品を演じた。

　江戸時代後期には博物学者・木村蒹葭堂(1736〜1802)や『夢の代』で知られる山片蟠桃(1748〜1821)らが科学分野で活躍。また、享保9年(1724)には町人学校・懐徳堂が、天保9年(1838)には緒方洪庵による蘭学塾・適塾(福沢諭吉らを輩出)などが開校している。

高津宮
こうづぐう

谷町九丁目 **MAP** 付録P.9 F-2

「高津の富」「高倉狐」「崇徳院」をはじめ、上方の古典落語にたびたび登場する神社。境内にある高津の富亭では、落語の寄席など各種イベントが開催されている。
🚇地下鉄・谷町九丁目駅から徒歩7分

明治〜現在
関西随一の商業都市へ

明治維新後の大阪

**大坂は大阪と表記統一。維新後の打撃からも、
米騒動や空襲の大被害から立ち直る浪速の底力**

　大坂の近代は慶応3年(1867)の開市(貿易の開始)、諸外国との交易や文化を受け入れることで始まった。明治元年(1868)に大坂は大阪に表記を統一。明治7年(1874)には大阪〜神戸間に鉄道が開通。明治維新で大阪の商業は多大な打撃を受けるが、たくましく蘇生し、明治22年(1889)には大阪市誕生。この当時の人口は約46万だった。

　大正7年(1918)、米騒動が大阪にも飛び火。昭和20年(1945)の8回におよぶ大空襲によって市の大半を焼失。昭和36年(1961)、大阪環状線が全通。昭和39年(1964)には新大阪〜東京間に東海道新幹線が開通、新大阪駅が開業している。

　昭和45年(1970)は大阪万博開催。現在、世界的な人気スポットとなっている梅田スカイビルの竣工は1993年。1994年に関西国際空港が開港するが、その翌年に阪神・淡路大震災が起きた。

↑大正時代の新世界。奥に見えるのは初代通天閣で明治45年(1912)に完成〈国立国会図書館蔵〉

29歳で蘭学の適塾を開く

　文化7年(1810)、備中国足守藩(現・岡山市)に生まれ、のちに父に従い上坂。自身が病弱だったことが医学を志す動機となった。江戸・長崎でも蘭学を学び、大坂に移住し適塾を開く。医者として天然痘予防にも奔走、のちに幕府の奥医師兼西洋医学所頭取となる。文久3年(1863)、江戸で急逝。小説『花神』(司馬遼太郎)や漫画『陽だまりの樹』(手塚治虫)には適塾が登場する。

適塾
てきじゅく

北浜 **MAP** 付録P.13 D-4

北浜のオフィス街の一角に残る。金銀為替の売買を行う取引機関・金相場会所(現大阪取引所→P.97)があり、為替屋が多く点在していた。
🚇各線・淀屋橋駅から徒歩5分

湿地帯が街の中心に

　大阪最大の繁華街とされる梅田だが、かつては淀川の沖積地で、秀吉の頃もこのあたりは沼地の多い辺鄙な低湿地帯だった。それを埋め立てて田畑へと整備したので「埋田」という地名がついたという。「埋田」が美称の「梅田」に転じたのは江戸時代。明治7年(1874)、大阪〜神戸間の鉄道が開通するが、大阪駅は「梅田すてんしょ」の愛称で呼ばれた。

↑明治34年(1901)完成の2代目大阪駅駅舎。このとき、現在の位置に移動した〈国立国会図書館蔵〉

flickr:m-louis®
↑日本全国から多くの人が訪れ盛り上がりをみせた大阪万国博覧会は、昭和45年(1970)に開催。183日間で6400万人以上が入場した

元禄の大坂に生きる庶民を描いた2人の文豪
近松門左衛門と井原西鶴

深い心理描写で観客の涙を誘った近松の『曾根崎心中』は世話浄瑠璃の始まり。
俳人・西鶴は浮世草子の最初の作家に転身。5代将軍綱吉の緊縮政策のもと、元禄文化を開花させた。

近松は書く「恋と哀れは種一つ」と

近松の生まれは承応2年(1653)、越前国とされるが、諸説ある。のちに京都に移住し、やがて人形浄瑠璃の作者を目指す。一時、歌舞伎作者として坂田藤十郎のために多くの作品も執筆したが、再度人形浄瑠璃の世界に戻る。

元禄16年(1703)、道頓堀の竹本座で初演された『曾根崎心中』が大当たり。これは実際の事件を題材にしたもので、従来の「時代浄瑠璃」とは違う、一般町人を主人公とする「世話」浄瑠璃という新しいスタイルの創出だった。

竹本座の座付作者となると、居も京都から大坂に移し、正徳5年(1715)には『国姓爺合戦』が17カ月の超ロングランヒット。享保9年(1724)に72歳で没、辞世文では「世のまがいもの」と自分を評した。

代表作
『曾根崎心中』『冥途の飛脚』『国姓爺合戦』
『心中天網島』

元禄文化 ◀ 大坂生まれだけではない

近松や西鶴に代表される元禄文化だが、江戸や京でも花開いた。芭蕉は『野ざらし紀行』を記し、戸田茂睡は歌学書『梨本集』を著した。歌舞伎では市川団十郎が荒事で人気を博し、浮世絵ではその創始者とされる菱川師宣が活躍。絵画では尾形光琳、俵屋宗達らが活躍。ほかに「鳴滝乾山」で知られる陶工・尾形乾山や染色の宮崎友禅斎らもいる。

「世に銭ほど面白き物なし」と西鶴

最初の浮世草子『好色一代男』は天和2年(1682)に刊行された(同年、近松の最初の浄瑠璃『世継曽我』が初演)。作者の井原西鶴は談林派の俳人として知られた人物で、一時は天下一の速吟で風靡した。

寛永19年(1642)に大坂の裕福な町人の家に生まれ、15歳の頃から俳諧を目指す

↑生國魂神社境内にある井原西鶴の銅像

が、談林派が衰退すると、西鶴は色と金をめぐる町人生活の心理を描く浮世草子=通俗小説の作家に転身。元禄5年(1692)には上方の大晦日の風俗を描いた『世間胸算用』を三都(大坂・京都・江戸)で同時発売している。翌年に没、享年52。元禄文化を代表する人気作家だったが、江戸末期には忘れられた存在になる。明治になって淡島寒月によって再評価され、尾崎紅葉らも影響を受けた。

代表作
『好色一代男』『好色一代女』『日本永代蔵』
『世間胸算用』

お初天神(露天神社)
おはつてんじん(つゆのてんじんしゃ)
梅田 **MAP** 付録P.11 F-4 ➡P.117

元禄16年(1703)春に天神の森で起きた心中事件。その1カ月後に、事件を題材にした近松の『曾根崎心中』は上演された。大きな評判を呼び、心中もの流行のはしりとなった。心中を遂げた遊女のお初にちなみ、お初天神とも呼ばれる。

←境内には遊女・お初と、醤油屋の手代・徳兵衛が仲むつまじく寄り添う像が置かれている

国立文楽劇場 ➡P.75
こくりつぶんらくげきじょう
なんば **MAP** 付録P.17 F-2

人形浄瑠璃文楽をはじめ、舞踊や演芸などの公演が行われる。資料展示室(無料)もある。

歩く・観る ● 歴史

大阪 歴史年表

西暦	元号	事項
前4000	―	海面が下降し、上町台地を除き海だった大阪市域が陸地となる
587	用明2	聖徳太子が四天王寺を建立
645	大化元	孝徳天皇が難波長柄豊碕宮へ遷都
949	天暦3	**大阪天満宮** P.101／P.117が建立される
1496	明応5	本願寺第8世蓮如が石山御坊を建立。蓮如の書状の中に「大坂」という地名表記の初出が見られる
1532	天文元	本願寺第10世証如が石山御坊を本拠地とする。石山本願寺の始まり
1570	元亀元	本願寺第11世顕如が打倒織田信長の檄を全国に飛ばす。石山合戦始まる
1578	天正6	本願寺勢力を援助していた毛利水軍が信長の鉄甲船に敗れる
1580	天正8	和議が成立し顕如が石山本願寺を退去。寺院、寺内町ともにすべて炎上
1583	天正11	豊臣秀吉が**大坂城** P.40築城
1594	文禄3	秀吉が京都・伏見城へ移る
1596	文禄5	慶長・伏見大地震。大坂でも多くの建物が倒壊
1598	慶長3	秀吉死去
1599	慶長4	秀吉の遺言に従い、豊臣秀頼が伏見城から大坂城に移る
1600	慶長5	関ヶ原の合戦
1612	慶長17	安井道頓により**道頓堀川** P.64の開削始まる
1614	慶長19	方広寺鐘銘事件
1615	慶長20	大坂冬の陣 大坂夏の陣。豊臣大坂城炎上
1619	元和5	大坂が江戸幕府直轄領となる
1653	承応2	青物市が天満へ移設。公認市場となる
1665	寛文5	落雷で大坂城天守閣が焼失
1682	天和2	**井原西鶴** P.110『好色一代男』
1684	貞享元	河村瑞賢が淀川治水工事を行う。安治川を開く
1685	貞享2	竹本義太夫が竹本座を大坂に創設
1694	元禄7	松尾芭蕉が南御堂近くで死去
1701	元禄14	幕府が大坂両替町に銅座を設置
1703	元禄16	**近松門左衛門** P.110『曽根崎心中』初演
1724	享保9	享保の大火（妙知焼）。市街の3分の2が焼失
1730	享保15	大坂の豪商たちが三宅石庵を迎え懐徳堂を設立 堂島米会所設立
1783	天明3	大坂城大手門、多聞櫓などが落雷で焼失
1837	天保8	前年の天保の大飢饉にあえぐ民衆を憂い、大塩平八郎が乱を起こす
1838	天保9	緒方洪庵が**適塾** P.109を開く
1854	嘉永7	安政の大地震。大坂でも多数の死者が出る
1854	安政元	ロシア軍人プチャーチンが天保山に到着
1855	安政2	福沢諭吉が適塾に入門
1858	安政5	日米修好通商条約で大坂開市が決まる
1863	文久3	14代将軍徳川家茂が大坂城に入る
1867	慶応3	15代将軍徳川慶喜が大坂城で欧米各国の代表と会見を行う
1868	慶応4	徳川慶喜が江戸城から退却し、新政府軍が占拠。大坂城の多くがこの際に焼失
1868	明治元	大久保利通が大坂遷都建白書を提出
1871	明治4	廃藩置県で大阪府となる
1874	明治7	大阪川口電信局と神戸伝信機局間に電信開通 官設鉄道、大阪〜神戸間開通
1876	明治9	官設鉄道が京都まで延伸される
1881	明治14	堺県が大阪府に合併される
1885	明治18	阪堺鉄道、難波・大和川間開通。関西初の私鉄
1887	明治20	奈良県が分離。大阪府が現在の領域となる
1901	明治34	与謝野晶子『みだれ髪』
1903	明治36	内国勧業博覧会が天王寺と堺大浜で開催される
1909	明治42	**天王寺公園** P.107開園
1918	大正7	大阪で米騒動が起こる
1923	大正12	關一が大阪市長に。御堂筋の拡幅やバス事業の開始、地下鉄の建設など都市改造に取り組む
1931	昭和6	大阪帝国大学、**大阪城天守閣** P.42、中央卸売市場などが造られる
1933	昭和8	大阪市営地下鉄梅田・心斎橋間開通
1939	昭和14	大阪第二飛行場（現伊丹空港）開設
1945	昭和20	大阪大空襲
1950	昭和25	ジェーン台風襲来
1964	昭和39	東海道新幹線開通
1967	昭和42	阪神高速道路1号環状線が全線開通
1970	昭和45	大阪万国博覧会開催
1977	昭和52	南港ポートタウン街開き
1981	昭和56	新交通システム・南港ポートタウン線開通
1990	平成2	**海遊館** P.44開業
1994	平成6	関西空港開業
1995	平成7	阪神・淡路大震災
1997	平成9	大阪ドーム完成
2011	平成23	**大阪ステーションシティ** P.32／P.59開業
2014	平成26	**あべのハルカス** P.58／P.86開業

堀沿いに陽気な文化が花開く

クルージング 船から眺める大阪の魅力

クルーズで水の都を体感

江戸時代から発達した運河。川沿いの風景や建築、
おもしろいガイドなど、いつもとは違う街に出会える。

⊙「枚方くらんか酒」を
船内で販売。江戸時代に淀
川を往来していた三十石船
で愛飲された日本酒を復刻
している ※年間本数限定生
産。販売状況は要問合せ

大阪の歴史ロマンを感じながら
優雅な淀川クルージング

淀川浪漫紀行
よどがわろまんきこう

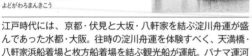

江戸時代には、京都・伏見と大坂・八軒家を結ぶ淀川舟運が盛
んであった水都・大阪。往時の淀川舟運を体験すべく、天満橋・
八軒家浜船着場と枚方船着場を結ぶ観光船が運航。パナマ運河
と同じ方式の「毛馬閘門」の通過体験や、大阪水上バス初の「リ
モートガイド」など、多様な体験が待っている。

⊙淀川の水をせき止める
淀川大堰を見学。船上デッ
キからは大阪駅周辺のビル群
も眺めることができる

天満橋 **MAP** 付録P.2 C-2
☎0570-07-5551
(ナビダイヤル)
06-6942-6699
(大阪水上バス予約センター
／10:00〜16:00)
🏠中央区天満橋京町1(天満
橋・八軒家浜船着場) 🚃各
線・天満橋駅から徒歩1分

⊙⊙船旅では
うれしい弁当と
お茶付き。景色
とともに素朴で
懐かしい味わい
を堪能 ※写真
はイメージ

DATA

淀川上りの旅コース	淀川下りの旅コース
所要約3時間	**所要約3時間**
🈯6000円 催行不定期 出港時刻9:30 集合場所八軒家浜船着場 ※道中べんとう・お茶付き	🈯6000円 催行不定期 出港時刻13:30 集合場所枚方船着場 ※枚方宿べんとう・お茶付き
予約電話または予約サイトから要予約。 ※予約受付開始日は公式HPで要確認	

⊙ハイカラなクルーズ船「ひまわり」でゆく淀川の船旅

⊙明治40年(1907)に竣工した毛馬閘門。淀川と大
川をつなぎ、水位の異なる2つの川を通行できるように
水位調整するための水門。船で見学できるのは貴重！

水陸両用バスに乗り
大阪の街をクルージング

大阪ダックツアー
おおさかダックツアー

水陸両用バスで市内と河川を巡る。桜ノ宮公園のスロープから大川に「スプラッシュイン」すると、バスは船に変身。爽やかな風と中之島周辺の自然を目の前に、ゆったり過ごせる。

天満橋 **MAP** 付録P.7 F-1
☎06-6941-0008
(日本水陸観光／9:30〜17:30)
🏠中央区北浜東1-2川の駅はちけんやB1
🚇地下鉄・天満橋駅から徒歩5分

桜ノ宮公園から大川へと入る。陸から水辺のクルージングに早変わり

↪大阪ダックツアーの公式キャラクター「ダッパくん」

↪オリジナルグッズも購入できる

↪春のクルーズは、大阪城周辺の川沿いに満開の桜が咲き誇る。水面に浮かぶ桜の花びらも風情がある

DATA

所要約75分

料3700円 催行通年 所要75分(陸上45分／水上30分) 予約電話で事前に予約 出港時刻9:10／10:45／13:00／14:35／16:20 ※要問い合わせ(冬期は時間・コース・料金に変更あり) 集合場所当日15分前までに川の駅はちけんや地下1階受付カウンターに集合

落語家さんとの楽しい出会い
笑いあふれる大阪探検に出かけよう

落語家と行く なにわ探検クルーズ
らくごかといくなにわたんけんクルーズ

落語家さんの軽妙な案内で進む観光遊覧船。頭のすぐ上に迫る多くの橋、大阪らしい観光名所など、お楽しみ満載。

ベイエリア／大正区 **MAP** 付録P.19 E-3／付録P.3 D-4
☎050-1807-4118(一本松海運)
※運航状況、コース変更など、詳細はHPで確認。※運航当日の気象、海象、潮位、水門の稼働時間、河川工事、河川イベント、船舶の状況等により、コース変更、延着、運休、オープンタイプの代替船による運航の場合あり

↪落語家さんが、街の歴史や風景をおもしろく案内してくれる

↪中之島のレトロな歴史建築を眺めながらのんびりと進む

DATA

中之島一周コース 所要約90分
料3500円
乗船場所**ユニバーサルシティポート**
🏠此花区桜島1 🚇JRユニバーサルシティ駅から徒歩5分
出港時刻10:00

乗船場所**タグボート大正**
🏠大正区三軒家西1-1-14 🚇地下鉄・ドーム前千代崎駅から徒歩2分
出港時刻12:00／14:00
予約乗船日の3カ月前から電話またはWebで予約。当日は空席がある場合のみ可。

［ものづくり体験］懐かしの社会科見学気分で出かける

人気の秘密を探る、大人の遠足

体験や見学を通して、商品誕生の裏側や知られざる企業努力を知る。
大人から子どもまで楽しめる社会科見学へ出かけよう。

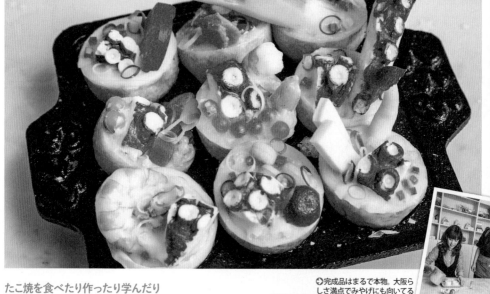

➡完成品はまるで本物。大阪らしさ満点でみやげにも向いてる

たこ焼を食べたり作ったり学んだり

道頓堀くくる
コナモンミュージアム

どうとんぼりくくるコナモンミュージアム

大阪を代表する食文化「粉もん」をテーマにしたミュージアム。人気たこ焼店「道頓堀くくる」のたこ焼が食べられるほか、粉もんの歴史がわかる展示やたこ焼のサンプル作り体験なども楽しめる。

道頓堀 **MAP** 付録P.16 C-1

☎06-6214-6678
所中央区道頓堀1-6-12
時11:00(土・日曜、祝日10:00)~21:00(LO20:30)
休無休
交地下鉄・なんば駅から徒歩5分 P なし

➡ダイナミックに動き出す看板の大ダコ

▶MAKING 所要約45分

たこ焼ろうサンプル手作り体験

1 型に具を入れろうを流し込み、冷やして固める

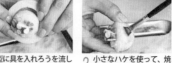

2 小さなハケを使って、焼き目を再現

3 大きなハケでソース色のろうをかけて…

4 最後に上から青ノリとカツオ節をかけたら完成！

料2000円 催行毎日
所要約45分 11:30(土・日曜、祝日10:30)~19:15
予約 予約優先だが、空きがあれば飛び込みも可(定員になり次第受付終了)。土・日曜や長期休暇中は予約したほうがよい
参加条件 特になし
開催場所 3階「まねき多幸」

…できあがり！

マイカップヌードルを作ろう
カップヌードル ミュージアム 大阪池田
カップヌードルミュージアム おおさかいけだ

インスタントラーメン発祥の地に建つ記念館。インスタントラーメンの歴史を通じて、発明や発見の大切さを伝える体験型食育ミュージアム。

池田市 **MAP** 本書P.2 A-2

☎072-752-3484
(問い合わせ9:00〜16:30)
🏠池田市満寿美町8-25
🕘9:30〜16:30(入館は〜15:30)
🚫火曜(祝日の場合は翌日)
🚃阪急線・池田駅から徒歩5分 🅿あり

↑ エビ、タマゴ、コーン、ガーリックチップ、チェダーチーズなど12種類の具材のうちから4つを自分で選ぶ

↑ かわいいひよこちゃんのオリジナルグッズなどが買えるミュージアムショップ。おみやげ選びも楽しめる

↑ 歴代約800種類が展示されているインスタントラーメン・トンネルは圧巻

MAKING 所要約45分
マイカップヌードルファクトリー

4種類のスープから1つ、12種類の具材から4つ選んで、オリジナルのカップヌードルが作れる。カップも自分好みにデザインできる。

好きな絵を描こう!

💴1食500円
🗓毎日(休館日を除く)
⏱所要約45分(体験受付9:30〜15:30) 予約不要 参加条件
マイカップヌードルファクトリー利用には当日朝から配布される整理券が必要

↑ 「発酵コーナー」では、発酵タンクの中に入っているような体験ができる

SCHEDULE 所要約90分
ミュージアムツアー

驚きとワクワクがいっぱいの体験型ミュージアム。試飲ではひとりひとりに合った一杯が味わえる。

💴1000円、子供(小学生以上)300円 🗓通年 ⏱所要約90分※ビール試飲含む(ツアースタート時間10:00〜15:00)
予約必須(電話またはインターネットから) 参加条件特になし ●試飲できる商品 アサヒスーパードライほか

できたてビールの試飲も!
アサヒビール ミュージアム

"記憶に残る最高の一杯に出会える場所"をコンセプトに、2023年にオープン。映像やVR技術を用いた展示で、アサヒビールの歴史やビール製造を、五感で楽しみながら知ることができる。

吹田市 **MAP** 本書P.2 B-1

☎06-6388-1943
🏠吹田市西の庄町1-45 🕘9:30〜16:50(ショップは〜16:40) 🚫不定休 🚃JR吹田駅から徒歩10分 🅿あり(要予約先着順) ※状況により開館時間とショップ閉店時間は変更になる場合あり。ショップのみ利用の場合は事前に電話にて要問合せ

↑ ビール好きの人はもちろん、あまりお酒を飲まない人も楽しめるミュージアムになっている

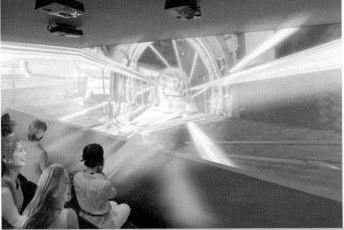

↓ 缶に乗った目線で充填工程を体験できる「スーパードライ ゴーライド」。振動や風の演出もあり迫力ある没入感

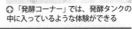

ミュージアムで知的に過ごす

大阪の歴史を考えるきっかけになる土地に根ざした展示から、最新機器を活用した
体験型学習施設まで、都会らしく多彩なジャンルの館が揃うのが魅力。

大阪市立科学館
おおさかしりつかがくかん

**体験型の楽しい展示と
高性能のプラネタリウム**

直径26.5mのドームスクリーンを備えたプラネタリウムの星空は関西No.1と評判。館内には、「宇宙とエネルギー」をテーマとした体験型などの展示が約200点用意され、大人も子どもも大満足。

ネタリウムを追求したプラ
リアルな星空

中之島 **MAP** 付録P.6 B-1
☎06-6444-5656　🏠北区中之島4-2-1　🕐9:30〜17:00(展示場入場は〜16:30。プラネタリウム最終投影は16:00〜)　📅月曜(祝日の場合は翌平日)ほかメンテナンス休業あり　💴入場400円、プラネタリウム600円　🚃地下鉄・肥後橋駅から徒歩7分　🅿あり　※2024年夏までリニューアル工事のため全館休館

宇宙や科学の仕組みを体験しながら学べる。目の前で行われる実験ショーも人気

大阪市立美術館
おおさかしりつびじゅつかん

**名だたる日本・中国美術の
コレクションを展示**

住友家から美術館設立のために寄贈された敷地に、昭和11年(1936)に開館。特別展のほか日本・中国の絵画・彫刻・工芸などの豊富なコレクションを紹介する展示展が行われている。

天王寺 **MAP** 付録P.18 B-2
☎06-6771-4874　🏠天王寺区茶臼山町1-82　🕐9:30〜17:00(入館は〜16:30)　📅月曜(祝日の場合は翌平日)　💴300円、高校・大学生200円※特別展、特別陳列の観覧料は別途要　🚃各線・天王寺駅から徒歩10分　🅿天王寺公園地下駐車場を利用　※2025年春(予定)まで改修工事のため休館中

天王寺公園内にあるクラシックな建物。東洋美術を中心に珠玉の作品を収蔵。上村松園や尾形光琳など関西の作家の作品も

大阪市立自然史博物館
おおさかしりつしぜんしはくぶつかん

**恐竜の骨格も大迫力
自然と人の関わりを展示**

人と自然の関わりから生命の歴史・進化など約1万数千点におよぶ豊富な標本と資料で紹介。特にインパクト大の恐竜の骨格標本が人気だ。常設展のほか、定期的な特別展も開催。

長居公園 **MAP** 本書P.2 C-1
☎06-6697-6221　🏠東住吉区長居公園1-23　🕐9:30〜17:00(11〜2月は〜16:30)入館は30分前まで　📅月曜(祝日の場合は翌平日)　💴常設展300円、高校・大学生200円　🚃各線・長居駅から徒歩10〜15分　🅿長居公園内有料駐車場を利用

玄関ポーチのクジラの骨格標本も迫力満点

ナウマンホールには、絶滅種のナウマンゾウやヤベオオツノジカの復元模型が

中之島香雪美術館
なかのしまこうせつびじゅつかん

**日本とアジアの
古美術コレクションが並ぶ**

朝日新聞社の創業者である村山龍平氏が集めた、日本と東アジアの古い時代の美術品を展示。刀剣・武具、仏教美術、書跡、中近世絵画、茶道具など、貴重な古美術品をオフィス街にいながらにして堪能できる。

中之島 **MAP** 付録P.12 A-3
☎06-6210-3766　🏠北区中之島3-2-4 中之島フェスティバルタワー・ウエスト4F　🕐10:00〜17:00　📅月曜(祝日の場合は翌日)　💴1200円、高校・大学生700円、小・中学生400円(展覧会ごとに異なる)　🚃地下鉄・肥後橋駅から直結　🅿あり(有料)

洗練されたロビーは都市型美術館ならでは

書跡や中近世絵画など多彩な展示が魅力

歩く・観る●美術館&博物館

願いを込めて

OSAKAパワースポット

商人の街の繁栄を加護する「えべっさん」や、悲恋物語の舞台で永遠の愛を誓うお初天神など、由緒あるご利益スポットを訪れれば願いが叶うかも。時期があえばお祭りも見てみたい。

お初天神（露天神社）
おはつてんじん（つゆのてんじんしゃ）

恋人などを見守る2人のブロンズ像。恋のお守りや絵馬も

『曾根崎心中』で有名な縁結びの神社

1300年の歴史を有する神社。遊女と商人の心中事件を元にした『曾根崎心中』の舞台。2人の純愛にあやかって強い絆を求めるカップルや縁結び、良縁を願う参詣客がひっきりなしに訪れる。

梅田 MAP 付録P.11 F-4
☎06-6311-0895 ⬛北区曽根崎2-5-4 ⬛社務所9:00～18:00 ⬛無休 ⬛無料 ⬛JR北新地駅から徒歩3分 ⬛なし

↑境内では毎月第1金曜日にお初天神・蚤の市が開かれる

大阪天満宮
おおさかてんまんぐう

合格祈願と合格御礼の絵馬がびっしり掛けられた境内

日本三大祭りのひとつ夏の天神祭は必見

天暦3年(949)に村上天皇によって創設された古社。学問の神・菅原道真公が祀られており、受験の時期には合格祈願に多くの学生が訪れる。日本三大祭りのひとつ、夏の天神祭でも有名。

天満 MAP 付録P.5 F-4
☎06-6353-0025 ⬛北区天神橋2-1-8 ⬛9:00～17:00 ⬛無休 ⬛無料 ⬛JR大阪天満宮駅から徒歩5分 ⬛なし

地元では「天満の天神さん」と呼ばれ親しまれている

今宮戎神社
いまみやえびすじんじゃ

↑推古天皇の時代、四天王寺の西の鎮護として建てられたのが始まりと伝わる

年始の十日戎が賑々しい商売繁盛の神社

古くから大阪商人の信心を集める商売繁盛の神社「えべっさん」。1月9～11日に行われる十日戎には全国から約100万人が訪れる。福笹をいただいて、福娘に縁起物の飾りを結んでもらおう。

恵美須町 MAP 付録P.3 E-3
☎06-6643-0150 ⬛浪速区恵美須西1-6-10 ⬛9:00～17:00 ⬛無休 ⬛無料 ⬛南海線・今宮戎駅からすぐ ⬛なし

堀越神社
ほりこしじんじゃ

↑聖徳太子が崇峻天皇の鎮魂のため、四天王寺創建時に建立した

天王寺の神様に一生に一度の願いを

「一生に一度の願いを聞いてくれる神さん」として知られる。正式な祈願は予約制のひと夢祈願で、願いを書いた短冊を守り袋に入れて持ち歩く。境内のご神木にもパワーを分けていただける。

天王寺 MAP 付録P.18 C-2
☎06-6771-9072 ⬛天王寺区茶臼山町1-8 ⬛境内自由 ⬛各線・天王寺駅から徒歩7分 ⬛なし

御霊神社
ごりょうじんじゃ

800年代後半の創建と伝わる由緒ある神社の本殿。かつては文楽座があった

肌守りのクスノキが人気のパワースポット

厄除け、縁結びなどさまざまなご利益を持つ浪速の氏神。特に本殿脇にあるご神木は戦火で焦げた状態から回復し、祈願者のやけども治ったと伝わることから、肌守りの木として崇敬を集めている。

淀屋橋・船場 MAP 付録P.6 C-2
☎06-6231-5041 ⬛中央区淡路町4-4-3 ⬛7:00～18:00(土・日曜、祝日は～17:00) ⬛無休 ⬛無料 ⬛各線・淀屋橋駅から徒歩5分 ⬛あり

↑近松門左衛門の『曾根崎心中』や谷崎潤一郎の『春琴抄』など名作文学にも登場する

大阪らしい、独特の熱気があふれる
タイガースファンの店

大阪といえば、タイガースファンの熱い応援を思い出す人も多いのでは。
ときに熱すぎる彼らの情熱に直接ふれるのは、まさに大阪でしかできないこと。

チャイニーズレストラン 三好
チャイニーズレストラン みよし

西天満 **MAP** 付録P.13 E-2

☎06-6364-6784
🏠北区西天満4-5-1 ⏰11:00〜21:30LO(土曜は〜13:30LO)
🈺日曜、祝日、土曜不定休 🚇地下鉄・南森町駅／各線・淀屋
橋駅から徒歩10分 🅿なし

中継を見ながら本格中華

熱烈な阪神タイガースファンの
オーナーが営む、創業30年以上
の中国料理店。店内では、大画
面で常に阪神タイガースの試合
を視聴できるようになっている。
試合を見ながら本格中華を楽し
む阪神ファンが多く集う。

↑分厚い玉子焼をタイガースのロゴの形に。
タイガースラーメン820円(要予約)

↖有名選手のサインや生写真が壁一面に貼られ
ている店内

阪神タイガースショップ
はんしんタイガースショップ

梅田 **MAP** 付録P.11 D-3

グッズを手に入れるならここ

タイガースファンへのおみやげ探し
に。阪神梅田本店でしか買えないオ
リジナルグッズは、新規のファンや
往年のファンも飽きさせない豊富な
ラインナップ。

☎06-6345-1201
🏠北区梅田1-13-13 阪神 梅田本店8F
⏰10:00〜20:00(曜日・フロアにより異なる)
🈺不定休 🚇JR大阪駅からすぐ 🅿なし

↑タイガースグッズがずらりと並ぶ

↪観戦には
マストなアイテ
ム。応援バッ
ト660円

↑ファンなら1枚は持っておき
たい丸虎フェイスタオル880円

↪応援グッズの定
番。レプリカユニ
フォーム(背番号
なし)7000円

© 阪神タイガース ※掲載している商品は2023年のものです。デザイン・形状・価格を
変更する可能性がございます。

Osaka

食べる

❖

お好み焼やたこ焼など
気安い料理はもちろんだが、
大阪のおいしいものは
それだけではない。
大都市ならではの洗練された
ダイニングや、伝統を継承する
料理に感銘を受ける。

大都会の
食通が納得する
上質な一皿

美食を愛する大人の極上空間

食事という日常的な行為が、その料理とサービスで祝祭へと変わる。
特別な時をかけがえのないものにするために、大阪グルメの名店を訪れよう。

↻ 同店のシグニチャーディッシュ「温かいポテトのティンバッロとキャビア」

↻ ビルに突然現れる高級感のある PONTE VECCHIO。モダンで洗練された雰囲気の店内

PONTE VECCHIO
ポンテ ベッキオ

予約	可
予算	Ⓛ1万円〜
	Ⓓ1万8000円〜

北浜 **MAP** 付録P.13 F-4

大阪イタリアンの最高峰で豪華な晩餐を!

オーナーシェフの山根大助氏が生み出す料理は、「最適調理」をモットーに食材を最大限に生かすための温度や食感を重視。高級食材などをふんだんに使った、大阪のイタリアンでは頂点に立つ店。

☎06-6229-7770
所中央区北浜1-8-16
大阪証券取引所ビル1F
営11:30〜14:00(最終入店) 18:00〜20:30(最終入店) 休不定休
交地下鉄・北浜駅からすぐ
P無

↻ 山根大助氏。22歳でイタリアに2年間の修業へ。帰国後に店をオープン

↻ コース最後のドルチェにも季節感を

↻ 白トリュフを使った限定パスタも楽しめる(季節により異なる)

食べる●大阪ごはん

HAJIME

ハジメ

本町・船場 **MAP** 付録P.6 C-2

オーナーシェフの技術で生み出す
最高の一品が味わえる贅沢な夜

世界で活躍が注目されている米田肇氏。その魅力は、シェフの考えを前面に押し出した料理にあり。趣向を凝らし、味も見た目も洗練された料理は、素材が持つポテンシャルを最大限に引き出す調理法で作られる。

☎06-6447-6688
所西区江戸堀1-9-11　営17:30〜20:30(LO)
休不定休　交地下鉄・肥後橋駅から徒歩2分　Pあり

↑「地球」と名付けられた、地球の循環を表現したHAJIMEの代表的な作品

↑ビジネス街の真ん中に静かにたたずむ

予約	要
予算	D 6万円〜

↑米田肇氏。精密かつ詩的な世界観を持つ料理を作り出す

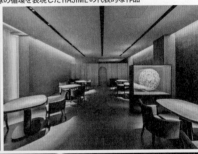

鮭が川に帰り、産卵をし、土に還る。そんな命のつながりを表現した「川」

ラ・フェット ひらまつ

中之島 **MAP** 付録P.12A-3

伝統と新しさを兼ね備える
輝かしい美食文化を放つ人気店

「モダン・クラシック」をテーマに、一
皿一皿がスペシャリテとなるメニュー
を提供。山海の幸を贅沢に使用したコー
スは、ときにはクラシカルな技法を
駆使し、ときには現代的なアレンジを
加えることで、常にゲストを驚きと発
見の世界へと誘う。

↑魚介料理のイメージ

☎06-6233-1139
所北区中之島2-3-18 中之島フェスティバルタワー37F
営11:30～13:30(LO) 18:00～20:00(LO) 休無休
交地下鉄・肥後橋駅直結 Pなし

↑中之島フェスティバルタワーの37階にある豪華なエントランス

↑通常のコースのほか、食前酒とホールケーキが付いた記念日プランもある。
上は前菜、下は肉料理のイメージ

地上200mからの大阪随一
の景色とともにウエディン
グなども行える

予約	可
予算	L5445円～
	D1万8150円～

食べる●大阪ごはん

122

↑2階席では、大きな窓から大阪の街を見渡せる。繊細な料理を味わいながら街の喧騒から異世界へ

Fujiya 1935
フジヤ いちきゅうさんご

本町・船場 **MAP** 付録P.7 F-3

季節を味覚で楽しむ
旬を感じる創作コース

ミシュランシェフ・藤原哲也氏の代名詞ともいえるのが、少量・多皿で繰り出されるイノベーティブな料理。食感や素材の組み合わせへの驚きもさることながら、口に入れた途端に感じる香りや味のイメージを演出する巧みな素材使いを堪能したい。

☎06-6941-2483
🏠中央区鎗屋町2-4-14
🕐18:30一斉スタート
🈺日曜、ほか不定休
🚇地下鉄・堺筋本町駅から徒歩8分　🅿なし

↑鴨と万願寺唐辛子。夜のコースのクライマックスを彩るメニューの一例

↑テーブルのセットは季節やその日の料理に合わせた演出がされる

↑一見、レストランには見えない外観

↑スパゲッティ アユのコンフィとルッコラのソース

↑しっとりとした桃にエアリーなメレンゲを添えて

予約 可
予算 D 4万円〜

美食を愛する大人の極上空間

123

ビストロ&トラットリアでちょっと贅沢

気軽に楽しむ
おしゃれダイニング4 ㊗店

高級店から庶民派まで層が厚い、フレンチやイタリアンなどの西洋料理。
気軽な雰囲気でも、本格派の料理がいただけるのがうれしい。

⬆肩肘張らない雰囲気とコストパフォーマンスの高さが魅力(French Hana)

フランス料理

French Hana
フレンチ ハナ

梅田 **MAP** 付録P.13 D-1

厳選素材×本格ソースが
絶妙なハーモニーを奏でる

タスマニア産サーモン、淡路の玉ネギなど、こだわりの食材を使用。一皿一皿ていねいに仕上げられた、シェフが作るソースの深い味わいと食材の旨みを重層的に感じたい。

⬆ビルの2階にある隠れ家感も人気の秘密

☎06-6809-2287
🏠北区曽根崎1-2-8 マルビル2F ⏰12:00〜15:00(L013:00) 18:00〜21:30(L019:00)
🈺月・火曜、ほか不定休 🚇地下鉄・東梅田駅から徒歩10分 🅿なし

予約	要
予算	Ⓛ5400円〜(カード不可) Ⓓ8000円〜(サ8%別)

おすすめ7800円コース
フレンチ ハナのスペシャリテともいえるタスマニアサーモンの前菜など全8品

西洋料理

Bistro よし川
ビストロ よしかわ

十三本町 **MAP** 本書P.2 B-2

名店の味を受け継ぐ
親しみやすい西洋料理

オーナーシェフはかの名店アラスカの出身で、デミグラスソースなどすべての仕込みを一人で行い妥協がない。手間ひまかけたビーフシチューやタンシチューなどが、アットホームな空間でしかもリーズナブルに味わえる穴場店だ。

⬆店内や外観は以前の小料理店の趣が残るたたずまい

☎06-6838-3919
🏠淀川区十三本町2-3-13 ⏰17:30〜22:00(L021:30)
🈺日曜、祝日 🚃阪急線・十三駅から徒歩4分 🅿なし

⬆テーブル席はカーテンで仕切って個室風にも

予約	可
予算	Ⓓ3000円〜

**よし川特製
タンシチュー2300円**
約9時間煮込とろける肉にうっとり。夜限定で昼はビーフシチューが好評

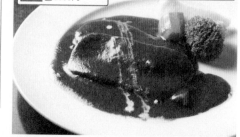

⬆広々としたオープンキッチンのダイニングスペースはカウンターとテーブル。夜は予約するのがベター(トラットリア・パッパ)

イタリア料理
トラットリア・パッパ

新町 MAP 付録P.6 B-4

**食べたい旬魚介をセレクトし
好みに応じるコースが話題**

料理の腕のみならず、無類の魚マニア
として同業者からも一目置かれる松本
シェフによる、魚介専門のイタリア料
理店。名物は毎朝市場で仕入れる約30
種の旬魚介をまず選び、料理法をリク
エストできるディナーコースだ。

⬆白を基調にした清潔感あふれる店構え。ランチ1200円～も営業する

☎06-6536-4188
🏠西区新町2-3-9 🕐11:30～14:00(LO)
17:30～20:00(最終入店) 🈺不定休
🚇地下鉄・西大橋駅から徒歩3分 🅿なし

予約	可
予算	Ⓛ1200円～ Ⓓ8000円～

ディナーコース5800円～
写真は魚を一尾まるごと贅沢に使った
連子鯛のアクアパッツァ風3500円

イタリア料理
L'orma attiva
ロルマ アッティーヴァ

北浜 MAP 付録P.7 D-1

**シェフの感性がふんだんに
詰まった芸術の一品**

シェフの地元宮崎から仕入れた
地鶏・宮崎牛や、真心込めて育
てた新鮮で安全なトマトなどの
こだわり野菜を使用し、体にや
さしいイタリア料理を提供。生
産者のこだわりを聞き、いちば
んおいしい状態で調理する。

⬆選べるパスタに自家製パンが付くランチもおすすめ

☎06-6222-3373
🏠中央区伏見町2-5-9
🕐11:30～15:00(LO14:30)
17:30～22:30(LO21:30)
🈺日曜、第2土曜 🚇地下鉄・淀屋
橋駅／北浜駅から徒歩5分 🅿なし

⬆濃いグリーンをアクセントにした落ち着いた空間

予約	可
予算	Ⓛ1200円～ Ⓓ7000円～

**アッティーヴァコース
6000円(税別)**
全10皿からなる旬の野菜や、竹
林でのびのびと育った宮崎地頭
鶏を使ったおまかせフルコース

PIENO
Italian Bar

今宵は特別な時間を

銘酒に浸る
バル&バール3 店

陽気なラテン系のノリと大阪の街の相性はぴったり。
大充実のバル&バールで、おいしいワインと料理をいただこう。

↑人気バールがグランフロント大阪に進出し注目を集める(Italian Bar PIENO festa)

イタリアンバール

Italian Bar PIENO festa

イタリアン バール ビエーノ フェスタ

予約 可
予算 L D 3500円〜

梅田 MAP 付録P.10 C-2

**日替わりメニューとワインが充実
ミナミの名店が梅田に進出!**

大阪難波で連日満席のイタリアンバールが
梅田に初出店。常時60種類以上のワイン
があり、前菜と切りたての生ハムでちょ
っと一杯楽しむことも、ピッツァやパス
タ、メイン料理などを囲んでの食事シー
ンも満喫できる。

☎06-6485-7014
🏠北区大深町4-20 グランフロント大阪南館7F
🕙11:00〜23:00 🈺グランフロント大阪に準ず
る 🚃JR大阪駅直結 🅿グランフロント大阪駐
車場利用

→種類豊富なワ
インは料理に合
わせて選びたい

うにの
クリームパスタ
1078円
濃厚なうにの味わ
いを感じられるパス
タ。バケットに
ソースを付けて最
後の一口まで味わ
いたい

食べる●大阪ごはん

⬆店主とも気軽に話ができる、落ち着いた店。お酒の種類も豊富でゆっくり味わえる(BAR QUINTA)

スペインバル
BAR QUINTA
バル キンタ

北新地 **MAP** 付録P.12 B-1

店主自慢の多種のシェリーが
楽しめるバル

シェリーの産地スペイン・アンダルシ
アに通い続ける店主が開いたスペイン
バル。シェリーは、スペインで仕入れ
てくるものを含め常時約50種類を用意。
迷ったら知識豊富な店主に選んでもら
うのもおすすめ。

⬆ビルの地下にあるこ
ぢんまりとした店

☎06-6345-1911
🏠北区曽根崎新地1-11-6昭和ビルB1
🕐17:00(土曜15:00)～24:00(金曜は～翌4:00)
🚫日曜、祝日
🚃JR北新地駅から徒歩3分　🅿なし

予約	可
予算	Ⓓ3000円～

生ハム3種盛り
1430円
産地や部位の異なる
生ハムが大皿にのり、
見た目も華やか。シェ
リーとの相性も抜群

イタリアン
muse umekita
ミュゼ ウメキタ

梅田 **MAP** 付録P.10 C-1

気軽なバール感覚で
さくっとお酒を楽しむ

グランフロント大阪北館のUMEKIT
FLOOR内にあり、大人が通うカジュアル
なイタリアン。ピザやタパスなど、ワイ
ンとの相性も抜群のフードも揃う。夜景
を眺めながらロマンティックな雰囲気
で食事を満喫。

⬆大人の遊び場がコン
セプト

予約	可	
予算	Ⓛ2000円～	
	Ⓓ4000円～	

☎06-6485-7175
🏠北区大深町3-1 グランフロント大阪北館 6F
🕐11:00～23:00(フードLO22:00、ドリンクLO22:30)🚫グランフロ
ント大阪に準ずる　🅿グランフロント大阪駐車場利用

石窯ナポリピッツァ
1280円～
お酒に合うピザは数種類用
意。一杯飲むのにぴったり

たこ焼名店案内

丸くて、かわいくて、おいしくて

大阪に来たら絶対に食べたいたこ焼。
味付けが絶妙なソースや、踊るカツオ節、
だしの旨みへのこだわりなど、有名店のたこ焼がズラリ。

たこ焼き（1人前）600円
醤油とマヨネーズの相性が抜群の店人気No.1メニュー。一皿で大満足の食べ応え

↓創業から掲げられている看板に歴史を感じる

あっちち本舗 道頓堀店
あっちちほんぽ どうとんぼりてん

道頓堀 **MAP** 付録P.17 D-1

鉄板を使用した職人技術が光る

鉄製の鉄板を使用し、極限まで薄くカリッとした皮と、やわらかいトロっとした中身のたこ焼を生み出す。刺身や酢ダコとしても食べれる生ダコを中央市場から仕入れ、歯ごたえにもこだわって焼き上げる。地下には、ゆっくりたこ焼とお酒を楽しめるスペースがある。

☎06-7860-6888
所中央区宗右衛門町7-19 営9:00〜翌1:00
休無休 交地下鉄なんば駅から徒歩6分
Pなし

↑カツオだしに浸して食べるのもおすすめ

↓タコの「あっちちくん」のパネルで撮影

↑大きなタコの「あっちちくん」が目印

うまい屋
うまいや

天満 **MAP** 付録P.5 E-2

二度焼ならではの食感

創業から半世紀を超える、大阪を代表する「下町のたこ焼屋さん」。鉄板に2回に分けて生地を垂らしながら焼いていくたこ焼は、表面がカリッと軽やかな食感で、中は蒸したようにもっちり。

たこ焼き（8個）480円
2つの異なる食感の絶妙なコントラストが魅力

☎06-6373-2929
所北区浪花町4-21
営11:30〜18:30（LO）、材料がなくなり次第終了 休火曜（祝日の場合は翌水曜） 交各線・天神橋筋六丁目駅から徒歩3分 Pなし
↓ソースはセルフなので、自分好みでどうぞ

NGKから徒歩すぐで、賑やかな看板が目印。カウンター席やテーブル席も完備している

梅田の地下に広がる地下街、ホワイティうめだにある店。コの字型になったカウンター席で味わってみて

たこ焼道楽わなか 千日前本店
たこやきどうらくわなか せんにちまえほんてん

なんば **MAP** 付録P.17 D-3

だしが染み込み香り高い

なんばグランド花月のすぐそばにあり、よしもとの芸人さんにもファンが多い店。特注の銅板を使用し、外はカリッ、中はトロトロに仕上げる。生地にだしが利いており、何もつけずに食べても素材の味を楽しめる。

☎06-6631-0127
🏠中央区難波千日前11-19
⏰公式HPを要確認 🈲無休
🚃地下鉄・なんば駅から徒歩5分
🅿なし

たこ焼き(8個) 600円
強火で一気に焼き上げることで、心地よい食感と中からあふれる生地の旨みを演出(写真奥)

たこ焼き(ソース+マヨネーズ)(8個) 600円
甘みのある自家製ソースにまろやかな風味のマヨネーズが相性抜群(写真手前)

たこ八 梅地下店
たこはち うめちかてん

梅田 **MAP** 付録P.11 E-3

生地のやわらかさは天下一

口の中でとろけるほどやわらかな食感の理由は、たこ八独自の生地を熟練職人がていねいに焼き上げているから。醤油ベースのだしが利いた生地は、しっかり味わいがあるのでソースをつけなくてもおいしくいただける。

☎06-6361-7345
🏠北区小松原町梅田地下街4-6 ホワイティうめだ内
⏰10:00〜20:30(LO)
🈲奇数月の第3木曜
🚃JR大阪駅から徒歩5分 🅿なし

いかたこセット(たこ焼き5個+いか焼き1個) 682円
大阪では定番の粉もんである、いか焼きとたこ焼きの両方が楽しめる贅沢セット

本家大たこ
ほんけおおたこ

道頓堀 **MAP** 付録P.17 D-1

大きなタコに驚き！来客の絶えない老舗店

昭和47年(1972)から道頓堀で活気の絶えないたこ焼屋台の老舗。店名のとおり、たこ焼きに入れるタコは中央市場で仕入れる大粒のもの。青ノリやカツオ節も特注で作っている、夜遅くまで賑わう道頓堀の名物店。

☎06-6211-5223
🏠中央区道頓堀1-4-16 ⏰10:00〜23:00(LO) 🈲無休 🚃各線・日本橋駅から徒歩4分 🅿なし

たこ焼き(6個) 500円
大粒のタコが入ったたこ焼は、老若男女に愛されるなにわ名物。アツアツをほおばって。10個入り800円

道頓堀で名物の大たこはいつも行列。屋台の奥にはイートインスペースも

はなだこ

梅田 **MAP** 付録P.11 E-2

たっぷりネギの梅田名物

鮮度抜群の生ダコを使ったたこ焼を提供。カツオ節の代わりに、ネギがどっさりとトッピングされたネギマヨは大人気メニュー。シャキッとした食感とネギの香りと甘めソースが相性抜群。

☎06-6361-7518
🏠北区角田町9-16 新梅田食道街1F ⏰10:00〜22:00 🈲無休 🚃JR大阪駅からすぐ 🅿なし

🍀🍀名店が集まる新梅田食道街にある名物店

ネギマヨ(6個) 640円
たこ焼が見えなくなるほど、たっぷりのネギがのっていて、インパクト大

蛸之徹 角田店
たこのてつ かくたてん

梅田 **MAP** 付録P.11 F-2

たこ焼作りにチャレンジ

自分でたこ焼が焼ける珍しい店。仕上げは特製ソースや酢醤油、ごまだれなどバリエーションが豊富で、具もタコ以外にエビやこんにゃくなど、いろいろなたこ焼が味わえるのも魅力のひとつ。

たこ焼き（12個）720円
テーブルに設置されたたこ焼用の鉄板でセルフ焼き。自分で作るからおいしさ倍増

☎06-6314-0847 所北区角田町1-10 営11:30～22:30（LO）休不定休 交JR大阪駅から徒歩5分 Pなし

↑大きなタコの看板が目を引く

↑各テーブルに鉄板が備え付けられており、自分だけのこだわりが作れる

↑アメリカ村の真ん中で、若者に人気の店

甲賀流 本店
こうがりゅう ほんてん

アメリカ村 **MAP** 付録P.14 C-3

三角公園横の人気店

網掛けのマヨネーズを考案した店。酸味を抑えたマヨネーズは、甘口のソースとの相性も抜群。定番のソースマヨのほか、ネギをどっさりポン酢でいただくさっぱりしたねぎポン、香ばしい醤油マヨなどがある。

ソースマヨ（10個）550円
リンゴや玉ネギなどを煮込んで作るやさしい味わいのソースも特徴のひとつ

☎06-6211-0519 所中央区西心斎橋2-18-4 甲賀流ビル1-2F 営10:30～20:30（土曜、祝前日は～21:30）休無休 地下鉄・心斎橋駅から徒歩5分 Pなし

↑2階には20席のイートインスペースを完備

だいげん アメリカ村

だいげん アメリカむら
アメリカ村 **MAP** 付録P.14 C-3

新感覚のピザ風たこ焼!

アメリカ村の三角公園近くに店を構え、多くの若者で賑わう。生地にとろけるチーズを入れて、タコの代わりにあらびきソーセージを入れたピザホールなど、ユニークなメニューが好評。

☎06-6251-1500
🏠中央区西心斎橋1-7-11 橋本ビル新館1F
🕐11:00～18:00 🈺月・火曜 🚇地下鉄・心斎橋駅から徒歩5分 🅿なし

ピザホール(8個)
500円
濃厚なチーズの風味と酸味のあるケチャップが相性抜群のアイデアメニュー!

↑店頭ではこの道一筋の名人がたこ焼を焼いている

↑地元でもおいしいと大人気の店

あべのたこやき やまちゃん本店

あべのたこやき やまちゃんほんてん
あべの **MAP** 付録P.18 C-3

生地の豊かな風味を堪能!

鶏ガラを筆頭に、さまざまな食材をじっくり煮込んだ生地が生み出す、深みのある味わい。だしの旨みを楽しむなら素焼がおすすめだが、ソースや自家製醤油なども常連には人気が高い。

☎06-6622-5307
🏠阿倍野区阿倍野筋1-2-34
🕐11:00～23:00(LO) 日曜、祝日は～LO22:00 🈺無休 🚇各線・天王寺駅から徒歩5分 🅿なし

ベスト(8個) 720円
鶏ガラスープ×和風だしの生地は、分厚い鉄板で焼くことでカリッとした食感になる。香ばしい香りが食欲をそそる

↑創業から変わらない店内は歴史がたっぷり。※予約不可

美舟
みふね
梅田 **MAP** 付録P.11 F-3

70年以上も続く伝統の味わい

昭和23年(1948)創業の、自分で焼くお好み焼の店。山芋粉と小麦粉をブレンドし、キャベツをたっぷり入れた生地は、なめらかさが特徴。豚肉やイカなど厳選した素材からあふれる旨みで上品な味わいに。

☎非公開
🏠北区小松原町1-17
🕐18:00〜21:00 🈂火曜
🚇JR大阪駅から徒歩5分
🅿なし

豚玉 950円
シンプルでいながら一番人気のメニュー。押さえ込まずに、ふんわりと焼くのがコツ

粉もんの王様
お好み焼
立ち込めるソースの香りの誘惑

本場ならでは、新感覚のお好み焼も次々と登場。
ソースとカツオ節の定番はもちろん、さまざまに試したい。

↑終日客が途絶えないが16時頃が比較的入りやすい

お好み焼き うさぎや
おこのみやきうさぎや
恵美須 **MAP** 付録P.18 A-1

**3代伝え守っているのは
ふんわりやさしい懐かしの味**

昭和26年(1951)創業で、界隈ではいちばん古いお好み焼店。生地には昔ながらの手法でとったカツオだしをたっぷりと使用。きめ細かなふわっとやわらかな仕上がりで、地元のヒシウメソースを独自にブレンドしたソースも味のポイントだ。

☎06-6641-3840
🏠浪速区恵美須1-14-5
🕐12:00〜20:00 🈂木曜
🚇各線・恵美須町駅から徒歩1分
🅿なし

↑店構えはリニューアルしたが界隈一の古株

お好み焼き豚玉 680円
長年守ってきた極厚の鉄板でじっくり焼くからふわふわの仕上がり。贅沢なミックスも人気

うそ焼き(豚) 880円
3代目がお客のリクエストに応じて考案。うどんとそばをミックスし、おもしろい食感が楽しめる

↑家族経営のアットホームさがにじみ出ている店内

千草
ちぐさ
天満 MAP 付録P.5 F-2

商店街の素朴なお好み焼

千草では、オーダーした生地を自分で焼く方式でお好み焼を提供。初めての人も楽しめるよう、必要であれば一緒に焼いてくれるという親しみやすさも心地よい。

千草焼き 1100円
厚めの肩ロース1枚を生地で挟んで蒸し焼きにして、仕上げにけしの実をまぶしている（千草焼きのみスタッフが調理）

☎06-6351-4072 所北区天神橋4-11-18 営11:00〜21:00(LO) 休火曜 交JR天満駅から徒歩2分 Pなし

↑LUCUAのレストラン街に現れる老舗の風格

桃太郎 梅田ルクア店
ももたろううめだルクアてん
梅田 MAP 付録P.11 D-2

著名人に愛されるモダン焼

大阪市生野区で生まれた桃太郎本店には、たくさんの著名人が訪れることで有名。その味が梅田でも味わえる。味わい深い生地に、細めの特製麺を敷いたモダン焼は、甘みのあるソースが相性抜群。

モダンいもすじいか豚天玉 2100円
すべての具材を入れても、だしが利いた生地が具材の味をまとめ、深い味わいに変える

☎06-6151-1388 所北区梅田3-1-3 LUCUA10F 営11:00〜23:00(LO21:30) 休不定休 交JR大阪駅からすぐ Pなし

お好み焼 つる家
おこのみやき つるや
梅田 MAP 付録P.11 F-3

3代にわたって守る大阪の味

サクサクのキャベツと秘伝の生地をベースに、さまざまな具材を入れて焼き上げるお好み焼は、昭和26年(1951)の創業当時から変わらない味。なかでもおすすめは、お好み焼の上にとろとろの山芋をかけた山かけミックス焼き。

山かけミックス焼き 1480円
ふんわり生地に山芋のトロトロ感がマッチ。特製の醤油ソースであっさりと。写真は生卵トッピング＋80円

☎06-6361-0613 所北区小松原町4-6 営17:00〜22:00(フードLO21:00、ドリンクLO21:30)、土・日曜、祝日は11:00〜14:00LOも営業 休月・火曜(祝日の場合は翌日) 交JR大阪駅から徒歩5分 Pなし

↓商店街の中で昔ながらの雰囲気を漂わせる

お好み焼 美津の
おこのみやき みづの
道頓堀 MAP 付録P.17 D-1

いつの時代でも愛される名店

昭和20年(1945)の創業以来、次々と新メニューを生み、世代を超えて愛される。ソースに頼らない、素材の旨みが利いたお好み焼が魅力。定番の美津の焼は、豚やイカなど6種の具材の味が楽しめる。

美津の焼 1580円
豚とイカ、エビ、貝柱、タコ、特製ミンチの6種の具材を入れた王道の味

☎06-6212-6360 所中央区道頓堀1-4-15 営11:00〜21:00(LO) 休無休 交地下鉄・なんば駅から徒歩5分 Pなし

↓代々続く老舗は素材ひとつにもこだわりを持つ

↑全室個室なので、家族や友人とゆっくりできる

千日前はつせ
せんにちまえはつせ
なんば **MAP** 付録P.17 D-3

数種類の隠し味がうまさを倍増

風味豊かな生地の秘訣は、和風だしに混ぜた中華スープやイカ粉などの隠し味。厳選した3種類の粉とよく混ぜてから中火でしっかり火を通せば、具材の風味が生地全体に染み込んでいく。

☎06-6632-2267
所中央区難波千日前11-25 はつせビル2F 営11:30(土曜11:00)〜23:00(LO) 休無休 交地下鉄・なんば駅から徒歩5分 Pなし

豚玉 **788円**
だしが利いた生地と数種類の食材の旨みのコラボは、素朴で伝統のある味わい

昭和20年(1945)から続く老舗

ねぎ焼 やまもと 梅田エスト店
ねぎやき やまもと うめだエストてん
梅田 **MAP** 付録P.11 F-2

醤油ダレが絶品のねぎ焼

厳選した風味豊かな青ネギを使うねぎ焼が看板メニュー。やわらかな食感の生地と、ていねいに刻まれた甘みのあるネギとのバランスは絶妙で、仕上げに醤油ベースのタレとレモン汁をかけてさっぱりといただく。

☎06-6131-0118 所北区角田町3-25 営11:30〜21:00(LO) 休不定休 交JR大阪駅から徒歩3分 Pなし

豚肉ねぎ焼 **980円**
たっぷりのネギと、大きな豚バラ肉を焼き込んだ一枚は、一口食べれば「うまい!」と叫ぶこと間違いなし

↑目の前で焼いてくれるカウンター席がおすすめ

←JRの高架下に構える味のある店

↑店内には常時30種以上のワインが並ぶ。開放的なテラス席もある

鉄板焼とワイン COCOLO
てっぱんやきとワイン ココロ
福島 MAP 付録P.4 A-4

お好み焼×ワインの融合

路地裏にある隠れ家で、キュートなハート形のお好み焼を。キャベツの代わりに白菜を使う新感覚の一枚は、熟練の技術でふわっとした焼き上がり。微発泡の赤ワインを合わせるのが鉄板。

COCOLO焼き 1100円
たっぷりと旬の野菜やチーズなどを入れているので、ワインとの相性は抜群だ

☎06-6225-7764
所福島区福島5-8-16 営17:00〜24:00(LO23:00)
休日曜(翌月曜日が祝日の場合は月曜休)
交JR福島駅から徒歩2分 Pなし

↑メニューの種類も豊富で、もちチーズ焼などここだけの味も必食

味乃家
あじのや
道頓堀 MAP 付録P.16 C-1

行列が絶えないなにわの名店

昭和40年(1965)創業の人気店で、「ミシュランガイド・ビブグルマン」にも選ばれるほど。生地には国産キャベツのほか、国産豚肉や京野菜の九条ネギなど厳選素材を贅沢に使用。

味乃家ミックス焼 1480円
エビ、タコ、イカ、ミンチ、豚肉、卵2個も入った具だくさんの人気No.1メニュー

☎050-1809-4021
所中央区難波1-7-16 現代こいさんビル2F
営11:00〜22:00(金・土曜は〜22:30、LOは各閉店30分前)
休月曜 交地下鉄・なんば駅から徒歩5分 Pなし

ぼてぢゅう本店® 道頓堀
ぼてぢゅうほんてん どうとんぼり
道頓堀 MAP 付録P.16 C-1

特製マヨネーズを生んだ老舗

今や定番となっている「お好み焼にマヨネーズ」を発案した名店。特製のマヨネーズはフルーティなソースと相性が良く、具材がたっぷり入ったお好み焼のおいしさをさらに引き立てる。

ぼてぢゅう デラックス月見玉
2618円
和牛、国産豚肉、エビ、イカ、タコ、月見焼と具だくさんのボリュームで満足間違いなし

☎06-6211-3641
所中央区道頓堀1-6-15 Comrade ドウトンビル2F 営11:00〜23:00
(LO22:00) 休無休 交地下鉄・なんば駅から徒歩8分 Pなし
↑テーブル席のほか、カウンター席も備える

京ちゃばな 南船場店
きょうちゃばな みなみせんばてん
本町・船場 MAP 付録P.7 D-4

ヘルシーでおいしい、新感覚

誕生日限定のお好み焼をはじめ、ほかではお目にかかれない創作お好み焼が多数ラインナップ。トマト×ソースの意外な組み合わせで仕上げる「トマトお好み」は、代名詞ともいうべき逸品。

トマトお好み 990円
ぶつ切りのトマトと甘辛いソースで仕上げた一枚は、お好み焼とは思えないさっぱりとした口当たりが好評

☎06-6120-9822
所中央区博労町2-6-5
営17:00〜23:00(料理LO22:00、ドリンクLO22:00) 休無休 交地下鉄・心斎橋駅から徒歩5分 Pなし
↑木のぬくもりあふれる店内は落ち着ける空間

粉もんの王様 お好み焼

大阪の串カツ文化を体感

ワインと合わせて創作串カツをいただくのは、今や定番といっていい楽しみ方。
「ソース二度漬け禁止」の庶民派もあなどれない。

⬆カウンター内の釜で1本ずつ揚げていく

串かつ 凡
くしかつ ぼん

北新地 **MAP** 付録P.12 A-2

**最高級の食材を味わう
革命的串カツメニュー**

まるでジュエリーのような創作串揚げの豊かな味わいと心地よいおもてなしで、常識にとらわれない串カツを提供する名店。厳選した食材はその日の仕入れによって変わる。極上の一串を自分のペースで楽しめる。

☎06-6344-0400
🏠北区堂島1-3-16 堂島メリーセンタービルB1 🕐18:00〜翌0:30(最終入店22:30)
🈺無休 🚃JR北新地駅から徒歩3分
🅿なし

子持ち昆布 フォアグラとズッキーニ
水ウニとキャビアのせなど
フォアグラやキャビアなど、厳選された高級食材をひと工夫して仕上げた創作串

⬆ビルの地下に忽然と現れる和の趣のある店構え。隣接するビルには「串かつ 凡 離れ」もオープン

食べる●大阪の王道グルメ

串かつ 赤とんぼ
くしかつ あかとんぼ

梅田 **MAP** 付録P.11 F-3

鶏ガラスープであっさり仕上げた
ソースが決め手の串かつ店

カウンターで季節の串かつをあっさりと味わえる、おしゃれな串かつ店。最新フライヤー「Dr.Fry」を使用して揚げる串かつは軽い食感でヘルシーなのが魅力。鶏ガラスープで仕上げたオリジナルのソースでいただくのも美味。

☎06-6362-0114
🏠北区小松原町1-12 阪急東通商店街内
🕐11:30～14:00 18:00～23:00（日曜は夜営業のみ、LOは各閉店30分前）　🏪不定休　🚃各線・梅田駅から徒歩5分　🅿なし

おまかせコース
3500円
肉や野菜などの季節のおすすめを集めたお得なセット

←吹き抜けの天井とあたたかみのある灯りで落ち着けるカウンター（左）。高級感がありながらもカジュアルに楽しめる（右）

季節の野菜串
200円～
シーズンに合わせて旬の野菜を用意。新鮮で歯ごたえを感じる野菜をさくっと串カツに

大阪の串カツ文化を体感

ヨネヤ 梅田本店
ヨネヤ うめだほんてん

梅田 **MAP** 付録P.11 E-3

定番の串カツから
月替わりの創作串まで豊富

ネタは約30種の定番に加え、鮎やカキといった季節食材、月替わりの店長おすすめ串などバリエーション豊か。テーブル席や立ち飲み席が用意されている。

☎06-6311-6445
🏠北区角田町2-5 ホワイティうめだ内
🕐9:00～22:30（LO22:00）　🏪奇数月の第3木曜　🚃JR大阪駅から徒歩3分　🅿なし

→テーブルの銀のトレーにまとめられたソースが大阪らしい

平日限定⊕セット 980円
牛カツ、エビ、キス、青唐辛子にドリンクが付くお得なセット

松葉総本店
まつばそうほんてん

梅田 **MAP** 付録P.11 E-2

大ぶりの串ネタ!
立ち飲み屋スタイルで大満足

安うまグルメの殿堂、新梅田食道街で営業。串カツは定番の牛串から季節限定品まで、常時10種以上が揃い踏み。1本120円～と手ごろな値段がうれしい。

☎06-6312-6615
🏠北区角田町9-20 新梅田食道街1F
🕐14:00（土曜11:00）～22:00（LO21:00）　日曜・祝日11:00～21:30（LO21:00）
🏪不定休　🚃JR大阪駅から徒歩3分　🅿なし

→好きな串を好きなだけ食べて帰れる立食式の店内

若鶏210円、牛串120円など
肉本来の旨みとサクサク衣の串カツ。ボリューム満点の食べ応え

二色
にしき

道頓堀 **MAP** 付録P.16 C-1

ふらっと寄りたくなる
道頓堀の昔ながらの繁盛店

道頓堀で60年以上愛される店で、気のいい女将さんが出迎えてくれる。串カツはもちろん、おでんやどて焼など肴の定番のほか、新鮮な刺身もある。

☎06-6213-2248
🏠中央区難波1-6-10　🕐16:00～23:00（金・土曜、祝前日は～23:30）　🏪火曜、隔週水曜　🚃地下鉄・なんば駅から徒歩5分　🅿なし

←木造の店内は庶民的で実家のような温かな雰囲気。地元の常連客も多い

レンコン154円、エビ154円など
新鮮な素材そのものの味わいが楽しめるように、衣は少なめにして揚げるのが特徴

だしを味わう うどん

最高の香りを求め、手間をかけてとる

もっちりとした麺と、香りが良くあっさり風味の昆布や削り節のだしで食べるのが大阪うどんの特徴。

一滴も残さず飲み干したい絶品だし

きつねうどん880円
ふんわりした揚げが最高のだしを吸い上げ、甘みと深みのある味わいに

↑中座くいだおれビルの隣という、道頓堀の真ん中にある

食べる ● 大阪の王道グルメ

道頓堀 今井
どうとんぼりいまい
道頓堀 MAP 付録P.17 D-1

道南産の天然昆布をはじめ、最高級の素材でとるだしは、香りが良く、もっちりとした食感が特徴の大阪うどんの麺に染み入るよう。大阪伝統の味であるきつねうどんを味わってみて。

☎06-6211-0319
所中央区道頓堀1-7-22 営11:30〜21:30（LO21:00）休水曜（祝日の場合は営業）、第4火曜 交地下鉄・なんば駅から徒歩5分 Pなし

うさみ亭マツバヤ
うさみていマツバヤ
本町・船場 MAP 付録P.7 D-4

うどんとおじやを一度に味わえる「おじやうどん」が名物だが、きつねうどんも絶品。それもそのはず、きつねうどんはこちらが発祥。大阪の発展を支えた船場商人も愛した元祖の味をぜひ。

☎06-6251-3339
所中央区南船場3-8-1 営11:00〜18:00(LO) 金・土曜は〜LO19:30 休日曜、祝日 交地下鉄・心斎橋駅から徒歩8分 Pなし

きつねうどん600円
寿司職人だった初代が考案したという、甘く煮た揚げをのせたきつねうどん

↑漂うだしの香りが食欲を誘う

大阪に来たら一度は行きたい名店

足を延ばして老舗の味を楽しむ

黒門さかえ
くろもんさかえ
豊中 MAP 本書P.2 A-2

北新地の人気店が2021年に北摂の住宅街に移転。数種類のカツオの荒節をブレンドした黄金だしと、細麺との見事な調和は健在。味を忘れられず、遠路から訪れる人も多いとか。

☎06-6369-7131
所豊中市上新田4-16-2-1F 営11:30〜14:00(LO13:30) 17:00〜22:00(LO21:00) 休水曜、第1・3・5日曜 交阪急南千里駅から徒歩15分 Pあり

山えのきうどん（季節限定商品）
1210円
旬の食材を生かした季節のうどんも随時メニューに登場

細麺うどんと絶品だしの調和

↑夜はうどんのほか、季節のメニューやお酒を提供している

◆黒門市場で開業して20年、北新地で50年近く、今も変わらぬ味を守り続ける

地元で愛される洋食

気取らないごちそう。
そんな立ち位置が実利的な
大阪気質に合ったのか、
洋食の名店が多い。

洋食の王道、ふわふわ卵のオムライス

チキンオムライス
1080円
ブランデーを隠し味にしたソースは、酸味と甘みのバランスが最高。やさしく広がる旨みが魅力

→街なかに現れる、屋敷を思わせる外観が印象的

レストラン北極星 心斎橋本店
レストランほっきょくせい しんさいばしほんてん

心斎橋 **MAP** 付録P.15 D-4

大正11年(1922)創業の、元祖オムライス専門店。表面は香ばしく、内側はふんわり焼き上げた半熟卵のオムライスは、トマトソースにブランデーを利かせるなど元祖ならではの技が光る。

☎06-6211-7829
所中央区西心斎橋2-7-27 営11:30～21:00(LO)
休無休 交地下鉄・なんば駅から徒歩5分/地下鉄・心斎橋駅から徒歩8分 Pなし

ネスパ 大阪駅前第3ビル店
ネスパ おおさかえきまえだいさんビルてん

梅田 **MAP** 付録P.12 B-1

外国船のコックをしていた初代が考案したコロペット。特製ホワイトソースを牛肉などの具材で包み、パン粉で揚げたもの。コロッケでもなくフライでもない、この店の特別な味わい。

☎06-6345-7089
所北区梅田1-1-3 大阪駅前第3ビルB2 営11:00～15:00(LO) 17:00～22:00(LO) 休不定休 交JR大阪駅から徒歩5分 Pなし

コロペット
盛合せ
1350円
濃厚なホワイトソースの甘みと、具材の風味が口に広がる

オリジナリティあふれるメニュー

♨名店がひしめきあう地下街で、客の絶えない人気店

明治軒
めいじけん

心斎橋 **MAP** 付録P.15 E-3

老舗洋食店の一番人気はオムライス。スジ肉やモモ肉を煮てミキサーにかけた肉や、バターで炒めた玉ネギを使用したライスは、風味豊かでここにしかない味だ。ビフカツやポークチャップといった洋食の定番品もおすすめ。

☎06-6271-6761
所中央区心斎橋筋1-5-32 営11:00～15:00 17:00～20:30 休水曜 (祝日の場合は翌木曜) 交地下鉄・心斎橋駅から徒歩3分 Pなし

オムライス&牛串カツ
3本セット1130円
旨みあふれるオムライスは串カツセットで味わって。手間をかけたやわらかな串カツは衣まで美味

必食の具の見えないオムライス

♨昭和元年(1926)創業の名店。2階と3階もあり客席は広々

だしを味わううどん／地元で愛される洋食

高級感あふれる
宝石のようなスイーツ
ル・ピノー北堀江本店

ル・ピノーきたほりえほんてん

堀江 **MAP** 付録P.8 B-1

大阪の人気スポット北堀江で長年
営まれる老舗洋菓子店。ケーキに
焼き菓子、チョコレートやマカロ
ンなど、種類豊富に揃い、選ぶの
に迷ってしまうほど。どれも香り
高く、しっとりやさしい味わい。

☎0120-24-9014
所西区北堀江2-4-12
営9:00〜20:00(LO19:30) 休無休
交地下鉄・西大橋駅から徒歩5分 Pなし

マルジョレーヌ
497円
ヘーゼルナッツク
リームとチョコレー
トの香りとコクが
くせになる味

ショーケースに並ぶチョ
コレート。気分に合わせ
てセレクトしたい(季節
により変更あり)

賑わうショーケース前と
は一転、落ち着いた色合
いと静かな空間でイート
インできる

食べる●カフェ＆スイーツ

街なかで心安らぐ時間を過ごす

スイーツでひと休み

観光や買い物の合間に訪れたい、大阪の人気パティスリー。
スイーツを味わいながらひと息ついてみるのはいかが?

毎日食べたくなる
彩り豊かなケーキ
Pâtisserie Chocolaterie Ordinaire

パティスリー ショコラトリー オーディネール

堀江 **MAP** 付録P.8 B-1

「日常」という意味の店名で、ひ
と息つきたいときのお供にと作ら
れたフランス菓子が並ぶ店。ジャ
パンケーキショー・プチガトー部
門優勝など、受賞歴多数のシェフ
が作る色鮮やかなケーキやショコ
ラは、通いたくなる甘く濃厚な味
わい。

☎06-6541-4747
所西区南堀江2-4-16
営11:00〜18:00(LO)
休水・木曜
交各線・桜川駅から徒歩7分
Pなし

ケーキやタルトが
美しく並ぶ

現在イートインは休止中
だが、テラスなどで一休
みは可能

ピスターシュ
490円
ダクワーズショコラの甘み
とピスタチオの風味が上品
な味わい

カカオの風味と
濃厚な甘さに癒やされる
Ek Chuah
からほり「蔵」本店

エクチュアからほり「くら」ほんてん

松屋町 **MAP** 付録P.9 F-1

登録有形文化財のお屋敷で営むチョコレート喫茶。バリエーション豊富なチョコレートはもちろん、パフェやケーキ、ドリンクにも全メニューにチョコレートがふんだんに使われている。好みでチョコレートを選べるのも楽しい。

☎06-4304-8077
🏠中央区谷町6-17-43 れん
🕐11:00〜20:00(LO19:30)
🈳水曜
🚉地下鉄・松屋町駅からすぐ
🅿なし

窓からは光が差し込み、ゆったりとした時間を過ごせる

テオブロマケーキ
セット1375円
オレンジ風味のミルクチョコが人気のテオブロマケーキとホットチョコ

昔ながらの古民家は、落ち着いたたたずまい

季節のアフタヌンティー
3300円〜
(コーヒー、紅茶、ジュース、コアから1ドリンク付き)
堂島ロールはもちろん、季節のフルーツや人気のスイーツが一度に楽しめる。3630円でアイスカフェラテ。2023年11月から提供を休止しているため、ホームページを要確認。価格は変更になる可能性あり

全国のスイーツ好きが
リピートする名店
サロン・ド・モンシェール
本店〜心斎橋〜

サロン・ド・モンシェールほんてん〜しんさいばし〜

心斎橋 **MAP** 付録P.14 C-2

堂島ロールで知られるモンシェール。ケーキだけでなく焼き菓子や、サロン・ド・モンシェール本店でしか味わえないスイーツが楽しめることで知られる。ここでしか食べられない、大阪セットと、知る人ぞ知る人気のアフタヌンティーセットは、一度は味わうべき人気のセット。

☎06-6241-4499
🏠中央区西心斎橋1-13-21
🕐10:00〜19:00(LO18:30)
🈳不定休
🚉地下鉄・心斎橋駅から徒歩5分 🅿なし

欧米の高級サロンのような雰囲気が素敵

都会の喧騒を忘れさせてくれるような空間

ホットケーキ700円
（ドリンクセット1200円）
「食べやすさもおいしさのうち」
とカットしてからバターを塗っ
て提供。独自のメープルシロップ
を使用し、ふわふわとした食感

時が戻ったかのような
昭和の懐かしさ
純喫茶 アメリカン
じゅんきっさアメリカン

道頓堀 **MAP** 付録P.17 D-1

創業70年超。季節の花々がいつも
店内を華やかにし、出される食器
も大倉陶園やノリタケなど本物志
向。ラグジュアリーな気品が漂う。
長年愛されるホットケーキやサン
ドイッチは、シンプルかつこだわ
りの味わい。

☎06-6211-2100
🏠中央区道頓堀1-7-4 株式会社アメリカン
ビル ⏰10:00～22:00(LO21:45) 火曜は
～21:30(LO21:15) 🈺月3回木曜不定休
🚃地下鉄・なんば駅から徒歩5分 🅿なし

時代が変わっても愛される老舗
くつろぎの
純喫茶で憩う

コーヒーの芳醇な香りに誘われ、レトロな空気が流れる喫茶店へ。
時代をタイムスリップしたかのような懐かしさを味わって。

昭和21年（1946）
から続くこの店
舗は、改装を重
ねて現在の形に

レトロモダンの
集大成といわれ
るような店内

ノスタルジックな店内は
大阪に残る異空間
マヅラ喫茶店
マヅラきっさてん

梅田 **MAP** 付録P.11 D-4

「サラリーマンにゆっくり休んでも
らいたい」とオフィス街のオアシ
スを目指した空間は、宇宙をイメ
ージした天井が安らげるデザイン。
レモンスカッシュやソーダ水など
の昭和テイストのメニューが懐か
しく、常連も多い。

☎06-6345-3400
🏠北区梅田1-3-1 大阪駅前第1ビルB1
⏰9:00～21:00(土曜は～18:00)
🈺日曜、祝日 🚃JR北新地駅
からすぐ 🅿なし

サンドイッチ500円
昔懐かしいスタンダード
なサンドイッチ。自家焙煎
のブレンドコーヒーとと
もに。コーヒー300円

天井が高く広々
とした、味のあ
る店内

大阪駅前第1ビル地下
にひっそりとたたずむ
都会のオアシス

四つ橋筋に架かる橋からは甲板風のテラスが見える

船旅気分に浸りながら
優雅な空間でコーヒーを
珈琲艇 CABIN
こーひーてい キャビン

なんば **MAP** 付録P.16A-1

なんば湊町の川べりにある昭和39年(1964)創業の老舗。店内に一歩入ると、日立造船製の丸窓をはじめ、豪華客船さながらの空間がお出迎え。ベルベットの椅子に腰掛け、コーヒーを味わいたい。

☎06-6535-5850
所西区南堀江1-4-10 川西湊町ビルB1
営9:00〜18:00 休火曜
交地下鉄・なんば駅から徒歩5分 Pなし

ていねいに挽いた豆で淹れるコーヒーが船旅気分を盛り上げる

⬆オーセンティックなバーのような空間。天井にはシャンデリアも

くつろぎの純喫茶で憩う

客を虜にする創業以来
不変の深煎りコーヒーを
丸福珈琲店
まるふくこーひーてん

なんば **MAP** 付録P.17 D-2

昭和9年(1934)創業のミナミ屈指の老舗。「深煎りの極み」と称される豆で淹れるコーヒーは、全国からファンが訪れるほどの人気。創業者が設計したドリッパーから注がれる極上の一杯は、香り高くコク深いコーヒー。濃厚な味わいを昭和レトロな空間で堪能したい。

☎06-6211-3474
所中央区千日前1-9-1
営8:00〜23:00(LO22:30) 休無休
交地下鉄・なんば駅から徒歩5分 Pなし

昭和の雰囲気の残るレトロなたたずまい

ブレンドコーヒー630円
ホットケーキ800円
皇室御用達の大倉陶園製のカップ&ソーサーで味わう深煎りコーヒー。シンプルで素朴な味わいのホットケーキとともに

店内には「カチカチ」と職人がドリッパーを叩く音が響く

奥へと続く店内。夜はバーとして楽しめる

ケーキもパフェも 個性的なルックスがキュート

COLONY by EQI
コロニー バイ イーキューアイ
心斎橋 **MAP** 付録P.14 C-4

オブジェのようなスイーツは楽しいだけでなく、奈良県産の小麦粉の福飛鳥、鹿児島県霧島から届く卵を使用するなど、材料も厳選。口当たりも軽やかなケーキは美味。ホットケーキもおすすめ。

☎06-6224-0061
所中央区西心斎橋2-12-14 オーシャンドライブ314 1F 営11:00～23:00（ランチ11:00～14:00、バー19:00～23:00）休無休 交地下鉄心斎橋駅・四ツ橋駅から徒歩6分／各線なんば駅から徒歩8分 Pなし

COLONY ケーキhouse 森いちご 1380円
自家製クッキーの家の中にはふわふわのイチゴのショートケーキが入っているかわいいデザイン

紅富士～苺カスタードのパイ～1580円
カットすると自家製のベリーやイチゴのソースやカスタードがとろりとあふれる

写真映えするメニューにときめく

洗練された イマドキのカフェ

おしゃれで雰囲気のよいお店で提供される華やかなカフェメニュー。思わず写真に収めたくなるかわいいケーキに癒やされる。

今日をちょっと特別にする ふわもちパンケーキ

パンケーキ＆ブックス ビブリオテーク
なんば **MAP** 付録P.16 C-4

素材にこだわった生地が自慢のパンケーキを提供するカフェ。生地やソースは全て店内の厨房で手づくりしており、オーダーが入ってからオーブンで焼き上げるパンケーキは、ふわっともっちりした食感。季節ごとに登場する限定メニューも見逃せない。

☎06-4395-5757
所浪速区難波中2-10-70 なんばパークス4F 営11:00～21:00 休なんばパークスに準ずる 交南海電鉄なんば駅中央口・南口直結 Pなんばパークス駐車場利用

パンケーキバーガー 1650円
レタス、トマト、チーズ、パテ、目玉焼きをパンケーキに挟んだランチにぴったりのメニュー。フレンチフライも付いてボリューム満点！

パンケーキはボックスに入れてテイクアウトできる

子ども連れや友達同士など幅広いシーンに対応

ベリーとクリームチーズのパンケーキ 1320円
店の定番パンケーキ。フレッシュなラズベリーやブルーベリー、バニラアイスやクリームチーズをトッピングした自慢のパンケーキ。隠し味のシナモンが香るベリーソースが相性抜群！

和栗のモンブラン
タルト1300円
使用するチョコレートも自
家焙煎して作るオリジナル
で、和栗と好相性

ここでしか作れない
オリジナリティ満載スイーツ

森森舎
しんしんしゃ

住吉区 **MAP** 本書P.2 C-2

彫金や陶芸なども教えるアーティ
スティックな店主が、ケーキ用の
型やクリームの絞り口までオリジ
ナルで制作。だからこそできる美
しいデザインのマフィンは、わざ
わざ出かけてでも食べたくなる。

☎06-6696-6313 所住
吉区万代東1-3-14 営11:00〜18:
30(LO17:00) 休日・月・火曜 交阪堺線・
姫松駅から徒歩5分 Pあり

クリスマスツリーの
マフィン950円
鳴門金時で作ったクリーム
を、ツリーのように絞り出
した季節のマフィン

陶芸体験な
どもできる
魅力盛りだ
くさんのカ
フェ

洗練されたイマドキのカフェ

おいしいキッシュが描く
プレートの花々に感動

Flower Quiche 本店
フラワーキッシュ ほんてん

海老江 **MAP** 付録P.2 B-4

約15種類がそろうキッシュ専門店。
サクッとしたタルトのようなカッ
プに、具材を詰め込んだ独自のス
タイルが評判。ケーキのようなス
イーツ系から、ワインに合う食事
系まであり、写真映えも抜群。

☎06-6131-5138 所福
島区海老江1-5-52そよら海老江店
1F 営11:00〜21:00(フードLO20:00、
ドリンクLO20:30) ランチは〜14:00 休
そよら海老江に準ずる 交JR海老江駅か
ら徒歩10分 Pあり

壁面が花で彩
られた愛らし
い店内

ラナンキュラス450円
薄くスライスしたリンゴの
コンポートを、繊細な花び
らのように見立てる。鮮や
かで美しいデザインとさわ
やかな甘さが特徴

マーガレット
450円
真っ白なクリームで
彩られたマーガレッ
トの中は、スイート
ポテトがたっぷり

定番のおみやげ Selection

おいしいお持ち帰り

駅やデパ地下で粉ものからスイーツまで
うまいもんが揃う大阪みやげ。
ご当地ならではの味を選ぼう。

しょう油味たこ焼
1620円（14個入り）
食い倒れの街の本格
的な味をみやげに持
ち帰れるうれしさ
たこ焼割烹 たこ昌

ひとくち餃子
2139円（45個）
皮はカリカリ、中はジューシ
ー。家族へのみやげにもぴった
りのボリューム感がうれしい
点天 阪神梅田本店

マダムブリュレ
1944円
しっとりとしたバウムの表面にキャ
ラメリゼ。上品で濃厚な甘さ
MADAME SHINCO 大丸梅田店

豚まん
1260円（6個）
創業以来、店頭での手作
りにこだわった、ふっく
らボリュームある味わい
551蓬莱 本店

手作りのおいしさを堪能
551蓬莱
なんばウォーク店
ごーごーいちほうらい なんばウォークてん
なんば **MAP** 付録P.16 C-2
☎06-6213-8551
㊒中央区難波2-34 なんばウォーク
1番街北通り ㊋11:00～22:00
㊡奇数月第3水曜 ㊢地下鉄・なん
ば駅からすぐ ㊅なし

大阪の味わいを全国へ
たこ焼割烹 たこ昌
たこやきかっぽう たこまさ
新大阪 **MAP** 本書P.2 B-2
☎06-6307-7500
㊒淀川区西中島5-16-1 JR新大阪
駅構内2F「アルデ新大阪」
㊋10:00～22:00 ㊡無休
㊢JR新大阪駅構内 ㊅なし

小ぶりでかわいい餃子
点天 阪神梅田本店
てんてん はんしんうめだほんてん
梅田 **MAP** 付録P.11 D-3
☎06-6345-5126
㊒北区梅田1-13-13 阪神梅田本店
B1 ㊋10:00～20:00
㊡阪神梅田本店に準ずる
㊢JR大阪駅からすぐ ㊅あり

昔懐かしい「甘い余韻」
MADAME SHINCO
大丸梅田店
マダム シンコ だいまるうめだみせ
梅田 **MAP** 付録P.11 D-3
☎06-6344-4538
㊒北区梅田3-1-1 大丸梅田店B1
㊋10:00～20:30（金・土曜は～
21:00）㊡大丸梅田店に準ずる
㊢JR大阪駅からすぐ ㊅なし

和かろん。

432円～（1個）

マカロンのようなかわいらしいフォルムが特徴の小さくて分厚いどら焼き。北海道産の小豆をざらめ糖で炊いたすっきりした餡を使用。ブルーベリーチーズクリーム（上左）、抹茶あんこ（上中）、イチジクチーズクリーム（上右）、あんバター（左）など種類豊富
和かろん専門店 和果

堂島ロール

1620円（1本）

北海道の生乳を主に使用したミルクの香り広がるクリームを卵風味豊かな生地でひと巻きに
パティスリー モンシェール 堂島本店

カットバウム アソート

1566円（7枚入）

しっとりふわふわなカットバウムの詰め合わせ。ギフトやお持たせにぴったりな、食べきりサイズの個包装
MADAME SHINCO
大丸梅田店

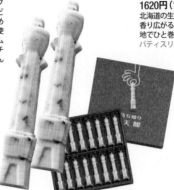

通天閣®クリスピーショコラ

1080円（16個）

大阪の名所「通天閣」が持ち帰りできるサイズのチョコレート菓子に
モロゾフ
※商品のデザイン・価格は変更になる場合があります

二重の御縁バウム

1944円

外側に島根県・原寿園のお茶を使用し、内側にプレーンの二重。見た目にもきれいな2つの味が楽しめるバウムクーヘン。お祝いの贈答品にもぴったり
MADAME SHINCO
大丸梅田店

くいだおれ太郎プリン

1296円（3個入り）

帽子の中に入ったプリンは甘いカラメルソースと苦みのあるカラメルクラッシュの「ダブルソース」が絶妙
なにわ名物 いちびり庵

おいしいお持ち帰り

ナニワみやげはここで揃う

なにわ名物 いちびり庵
なにわめいぶついちびりあん ➡ **P.69**

道頓堀 MAP 付録P.17 D-1

SNSでも大人気のお菓子

和かろん専門店 和果
わかろんせんもんてん わか

堀江 MAP 付録P.14 B-2

☎06-6533-5050
所西区北堀江1-11-6
営11:00～18:00 休木曜
交地下鉄・四ツ橋駅から徒歩1分
Pなし

堂島ロール発祥の地

パティスリー モンシェール 堂島本店
パティスリー モンシェール どうじまほんてん

堂島 MAP 付録P.12A-3

☎06-6136-8003 所北区堂島浜2-1-2 営10:00～19:00（土・日曜、祝日は～18:00）休無休 交JR北新地駅から徒歩5分 Pレシート提示で割引になる駐車場あり

関西の老舗洋菓子店

モロゾフ

☎078-822-5533
（お客様サービスセンター）
※主要ターミナルにて販売。夏期は取り扱いがない場合あり
※店舗により異なる

活気あふれる大阪のなかに落ち着きのある空間
大阪都心のおもてなし

デザイン性のある落ち着いた空間と、街の喧騒を忘れる穏やかな雰囲気。
旅のプランに合わせた自分らしいホテル選びを。

1. リビングルーム、ベッドルームともに窓際に面し、全面に配された窓からコーナールームならではのパノラマな眺望を楽しめる部屋　2.40 Sky Bar & Loungeは大阪の街並みが一望できる開放的な空間　3. 洗練された雰囲気のロビーエントランス　4. コンラッドスイートの客室バスルーム。漆塗りの真紅のバスタブで極上のリラックスタイムを過ごして

地上200mから眺める絶景と
極上の空間でくつろぐ

コンラッド大阪
コンラッドおおさか

中之島 MAP 付録P.12 A-3
モダンなデザインに和のテイストを取り入れた、豪華なたたずまいの高級ホテル。中之島フェスティバルタワー・ウエストの上層にあり、観光拠点として便利な立地も魅力。すべての客室から大阪の街並みが見渡せ、パノラマビューが楽しめる。ホテル最上階にある40 Sky Bar & Lounge(P.60)では、絶景が広がるラウンジでカクテルや軽食が楽しめる。

HOTEL DATA

☎06-6222-0111
所北区中之島3-2-4　交地下鉄・肥後橋駅直結
Pあり　in15:00　out12:00　室164室
料金1泊7万6500円〜

バルコニーから眺める
大阪市内の夜景にうっとり

アルモニー
アンブラッセ大阪
アルモニーアンブラッセおおさか

茶屋町 **MAP** 付録P.4 C-2

観光都市にたたずむ上質なスモール・ラグジュアリーホテル。プライベート性を重視したゲストルームは、1フロアに4室のみで、それぞれデザインが異なり、カッシーナの家具に囲まれた心地よい空間。ゆったりとした部屋の全室にテーブルとチェア付きのバルコニーがあり、大阪の街並みや夜景を堪能できる。

HOTEL DATA

☎06-6376-2255
🏠北区茶屋町7-20
🚃JR大阪駅から徒歩10分
🅿あり in15:00 out12:00 室40室
予算エヴァーホワイト(ジュニアスイート・2食付)3万6500円〜

1. 大阪の観光名所にアクセスしやすい立地
2. ホワイトとベージュを基調としたエレガントな空間のEVER WHITE(エヴァーホワイト)
3. 10階にあるフランス料理「レヨン」 4. 高級感あふれるブランド、ブルガリのアメニティ

ハイエンドな滞在を叶える
2020年開業のホテル

Zentis Osaka
ゼンティス オオサカ

北新地 **MAP** 付録P.12 A-2

デザインにこだわったライフスタイルホテルが誕生。パレスホテルが展開する宿泊主体型新ブランドで、温かみのある自然な素材や色を取り入れた、上質な客室でくつろげる。

HOTEL DATA

☎06-4796-0111(ホテル代表)
🏠北区堂島浜1-4-26 🚃JR北新地駅から徒歩4分 🅿なし in15:00〜 out〜12:00 室212室 予算1泊素泊まり2万5410円〜

1. オリジナルデザインの家具と日本人アーティストの作品が彩るスイートルーム 2. アートが飾られたフロントレセプション 3. 緑に囲まれた外観 4. ホテル2階にあるバー＆レストラン「UPSTAIRZ Lounge, Bar, Restaurant」のアフタヌーンティー

大都市大阪の玄関口に建つ
絶好のロケーションが魅力

コートヤード・バイ・マリオット
新大阪ステーション
コートヤード・バイ・マリオット しんおおさかステーション

新大阪 **MAP** 本書P.2 B-2

全室が30㎡以上のゆとりある客室をはじめ、機能性とくつろぎを兼ね備えたホテル。上質なレストランやバー、フィットネスセンターなど、快適に過ごせる設備が揃う。

1. モノトーンの都会的なテイストのレストラン「LAVAROCK」
2. ホテル最上階にある鉄板焼き一花一葉はカウンター席で夜景を眺めながら味わえる
3. 60平米のゆとりの広さを持つジュニアスイートルームツイン

HOTEL DATA

☎06-6350-5701
🏠淀川区宮原1-2-70 🚃JR新大阪駅から徒歩1分 🅿あり in15:00 out12:00 室332室 予算ジュニアスイートルームツイン1泊朝食付き3万7635円〜

大阪・宿泊のアドバイス

大都市大阪は国内外から人気の観光地。ターミナル周辺には、さまざまなタイプのホテルが並ぶ。
テーマパークやベイエリアの夜景を見ながらのステイなど、旅の目的に合わせた宿泊先を選ぼう。

泊まる●大阪ステイ

宿泊施設の種類

豊富なタイプのホテルを目的に応じて選択

● 高級ホテル

特に高級ホテルが集中しているのは、梅田周辺。大阪ステーションシティやグランフロント大阪、梅田スカイビルなど、大型施設のそれぞれに入っている。ほかにオフィスが集積する中之島や交通の便の良い御堂筋沿い近くに多い。

● シティホテル&ビジネスホテル

関西きってのビジネス街なだけあって、リーズナブルなホテルの選択肢は広い。大阪駅、新大阪駅をはじめ、なんばや心斎橋などの主要な繁華街周辺に多くのホテルが建つ。こだわりの家具やオリジナルのアメニティ、充実したレストランを備えているところも多い。

> **ユニバーサル・スタジオ・ジャパン®**
> **オフィシャルホテル**
>
> ユニバーサル・スタジオ・ジャパン® を楽しんだあとは、隣接するオフィシャルホテルでの宿泊がおすすめ。ハリウッド映画のストーリーをモチーフにした部屋など、夢のある空間を演出。友だち、カップル、家族向けの部屋など、多様なシーンに活躍し、高層階からはベイエリアの夜景も満喫できる。

宿泊施設の多いエリア

主要ターミナルを拠点にする過ごし方

● キタ

大阪では最もホテルの選択肢が多いエリア。どこに行くにも便利なので、観光、ビジネスの拠点として人気が高い。比較的再開発が進んでいるため、新しい施設が多いのもポイントだ。大阪駅や中之島を中心に、高級ホテルが多いほか、利便性に優れたシティホテルやビジネスホテルは、大阪駅の東一帯に集中している。

● ミナミ

なんば駅周辺には、カジュアルなシティホテルが多い。観光スポットの道頓堀にも近くて便利。心斎橋や日本橋、長堀橋など、観光地に徒歩で移動できる街にも、リーズナブルなビジネスホテルやカプセルホテルがある。キタに比べるとやや古い施設が多い印象。外国人観光客に人気のエリアなので、外国人仕様のところもある。

● そのほかのエリア

北浜から本町などキタとミナミの中間エリアにも、ビジネスパーソン向けのホテルが点在する。なお、近隣の京都や奈良との周遊旅行ならば移動にそれほど時間はかからないので、京都や奈良に宿泊し大阪では遊ぶだけというのも十分考えられる。近年、外国人観光客の増加などにともない宿泊施設の選択肢は増えているものの、予約が取りにくいことも。

アクセスと市内交通

大阪は、全国各地からのアクセスが
整っており、目的や予算に合わせた
交通機関が利用できる。
市内移動も、地下鉄や私鉄が
充実しており便利。

西日本最大の
ターミナルを
攻略する

大阪へのアクセス

交通機関によって玄関口はさまざま。料金や所要時間、目的地で選びたい

関西圏の中心となる都市なので、全国からのアクセス方法はさまざまで便利。
鉄道の割引チケットや格安航空券も手に入りやすく、目的に合わせて自由にプランニングできる。

アクセスと市内交通

新幹線・鉄道

新幹線の場合は新大阪駅に到着

　新幹線は中心部からやや北寄りの新大阪駅へ到着する。新大阪駅からは、JRや地下鉄で移動。近郊からアクセスする場合は、JR在来線のほか、各私鉄も利用できる。

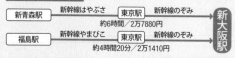

東北方面から

| 新青森駅 | 新幹線はやぶさ 約6時間／2万7880円 | 東京駅 | 新幹線のぞみ | 新大阪駅 |
| 福島駅 | 新幹線やまびこ 約4時間20分／2万1410円 | 東京駅 | 新幹線のぞみ | |

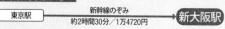

関東方面から

| 東京駅 | 新幹線のぞみ 約2時間30分／1万4720円 | 新大阪駅 |

中部方面から

名古屋駅	新幹線のぞみ 約50分／6680円	新大阪駅
静岡駅	新幹線ひかり 約1時間50分／1万1090円	
長野駅	JR特急しなの 約4時間／1万2220円	名古屋駅 新幹線のぞみ	
金沢駅	JR特急サンダーバード 約2時間40分／7790円	大阪駅

※特急サンダーバードは2024年3月の北陸新幹線延伸開業後は敦賀駅発着になる

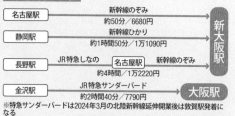

四国・中国方面から

高松駅	JRマリンライナー 約2時間／8210円	岡山駅 新幹線のぞみ	新大阪駅
広島駅	新幹線のぞみ 約1時間20分／1万950円	
岡山駅	新幹線のぞみ 約45分／6460円	
鳥取駅	特急スーパーはくと 約2時間40分／7220円	
松江駅	特急やくも 約3時間30分／1万2490円	岡山駅 新幹線のぞみ	

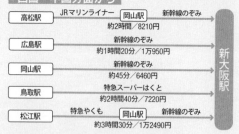

九州方面から

| 博多駅 | 新幹線のぞみ、みずほ、さくら 約2時間25分／1万5280円〜 | 新大阪駅 |
| 鹿児島中央駅 | 新幹線みずほ、さくら 約4時間20分／2万2310円 | |

関西から

●京都から

京都駅	JR京都線新快速 約30分／580円	大阪駅
京都河原町駅	阪急京都線特急 約45分／410円	大阪梅田駅
京阪・三条駅	京阪本線特急 約55分／430円	淀屋橋駅

●神戸から

三ノ宮駅	JR神戸線新快速 約22分／420円	大阪駅
阪急・神戸三宮駅	阪急神戸線特急 約30分／330円	阪急・大阪梅田駅
阪神・神戸三宮駅	阪神本線直通特急 約30分／330円	阪神・大阪梅田駅

●奈良から

| 奈良駅 | JR大和路快速 約50分／820円 | 大阪駅 |
| 近鉄奈良駅 | 近鉄奈良線快速急行 約35分／680円 | 近鉄・大阪難波駅 |

●和歌山から

| 和歌山駅 | JR阪和線紀州路快速 約1時間30分／1280円 | 大阪駅 |
| 和歌山市駅 | 南海特急「サザン」 約1時間／970円 | 南海・なんば駅 |

新大阪駅からのアクセス

| 新大阪駅 | JR京都線 4分／170円 | 大阪駅 |
| 新大阪駅 | 地下鉄御堂筋線 15分／290円 | なんば駅 |

お得な割引プランを利用

●ぷらっとこだま

新幹線こだま普通列車（指定席のみ）にお得な運賃で乗れる。条件は、あらかじめ希望のこだま号を予約し、その便を利用すること。東京〜新大阪で利用できるのは1日12本。1ドリンク引換券付き。※乗車変更や途中乗降不可。予約後の変更は取り消し扱いになる。

販売額：通常期1万1100円、繁忙期1万2700円（東京〜新大阪間、普通車片道）　**発売期間**：前日の22時まで（インターネットは5日前まで）
購入方法：インターネット
JR東海ツアーズ www.jrtours.co.jp

飛行機でのアクセス

3空港が利用可能。遠隔地からのアクセスに

　北海道、沖縄をはじめとした遠隔地や、鉄道の便が悪い場所から出発する場合は飛行機で。府内の伊丹空港と関西空港のほか、神戸空港も利用できる。どの空港からも中心部への所要時間にそれほど差はないので、飛行機の料金で選べばよい。各空港からは鉄道や直通のリムジンバスで移動する。

出発地	到着地	便名	便数/日	所要時間	料金
新千歳空港	伊丹	ANA／JAL	10	2時間	5万3400円～
	関空	ANA／JAL／APJ／JJP	14	2時間20分	5万3400円～
	神戸	ANA／ADO／SKY	6	2時間5分	5万3400円～
仙台空港	伊丹	ANA／JAL／IBX	14	1時間15分	3万9800円～
	関空	APJ	3	1時間20分	5590円～
羽田空港	伊丹	ANA／JAL	30	1時間10分	2万9000円～
	関空	ANA／JAL／SFJ	12	1時間25分	2万9000円～
	神戸	ANA／SKY	9	1時間20分	2万9000円～
新潟空港	伊丹	ANA／IBX	10	1時間10分	3万7200円～
松山空港	伊丹	ANA／JAL	11	50分	2万1900円～
高知空港	伊丹	ANA	6	45分	2万1900円～
福岡空港	伊丹	ANA／IBX	10	1時間5分	2万8400円～
	関空	APJ	4	1時間5分	4690円～
那覇空港	伊丹	ANA／JAL	5	1時間50分	4万4200円～
	関空	ANA／JTA／APJ／JJP	12	1時間45分	4万4200円～
	神戸	ANA／SNA／SKY	7	1時間50分	4万4200円～

ANA：全日空　JAL：日本航空　APJ：Peach　JJP：ジェットスター　ADO：AIR DO
JTA：日本トランスオーシャン航空　SFJ：スターフライヤー　IBX：IBEXエアラインズ
SKY：スカイマーク　SNA：ソラシドエア
※掲載料金は、APJのみのフライトを除き、ANAの普通運賃です。

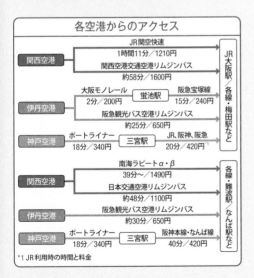

高速バスでのアクセス

交通費を節約したい人向け

　運賃が割安で、各都市のターミナル駅発着なので利用しやすい。夜行バスなら寝ている間に移動し、早朝に到着して観光を始められるという利点があり、時間を有効に使いたい人にもおすすめ。USJへのバスツアーも多く催行されている。

フェリーでのアクセス

自家用車を利用したいなら良い選択肢

　志布志港、別府港、新門司港、東予港といった瀬戸内方面で利用できる。移動時間は長いが夜のうちに車ごと移動できるため、大人数の家族での旅行などに有用。

問い合わせ先

JR西日本お客様センター	☎0570-00-2486
JR東日本お問い合わせセンター	☎050-2016-1600
JR東海テレフォンセンター	☎050-3772-3910
JR四国電話案内センター	☎0570-00-4592
JR九州案内センター	☎0570-04-1717
近鉄電車テレフォンセンター	☎050-3536-3957
阪急電鉄交通ご案内センター	☎0570-089-500
ANA（全日空）	☎0570-029-222
JAL（日本航空）／日本トランスオーシャン航空	☎0570-025-071
ジェットスター・ジャパン	☎0570-550-538
PEACH（ピーチ）	☎0570-001-292
IBEX（アイベックス）エアラインズ	☎0570-057-489
AIR DO（エア・ドゥ）	☎011-707-1122
ソラシドエア	☎0570-037-283
関西空港交通	☎072-461-1374
阪急観光バス	☎06-6844-1124
日本交通	☎06-6571-6788
関東バス	☎03-3386-5489
京阪バス	☎075-661-8200
JRバス関東	☎0570-048905
西日本JRバス	☎0570-00-2424
近鉄バス	☎0570-001631
東北急行バス	☎03-3529-0321
JR東海バス	☎0570-048939
阪急高速バス	☎0570-089006

※掲載料金などは2023年12月現在のものです。出発前によくご確認ください。

大阪の市内交通

地下鉄の御堂筋線や四つ橋線の南北軸と、中央線や千日前線の東西軸を把握しておけば、
移動で迷うことが少なくなるはず。加えて、ぐるりと街を囲むJR大阪環状線を覚えておこう。

地下鉄・ニュートラム

市内移動の足となる、メインの交通手段

　中心部の地下鉄は各線とも南北か東西にほぼまっすぐ走っているので、把握しやすい。まず覚えておきたいのは、梅田駅からなんば駅まで南北に中心部を貫く御堂筋線。御堂筋線に並行して南北には谷町線、四つ橋線、堺筋線、今里筋線が運行している。御堂筋線に交差する東西には中央線、千日前線、長堀鶴見緑地線が、さらにポートタウンへはニュートラムが運行している。また、梅田駅には御堂筋線の梅田駅、谷町線の東梅田駅、四つ橋線の西梅田駅と3つの地下鉄が連絡し、それぞれの駅間は少し歩くものの30分以内であれば乗り継ぎが可能だ。

JR

中心部を巡る環状線と近県へのアクセス

　大阪環状線は大阪駅、鶴橋駅、天王寺駅などを通過し、市内をぐるりと囲んでいる。大阪、京橋、鶴橋の方向でまわるのが外回り、逆が内回りになり、1周は約40分。一部はユニバーサルシティ駅などへ向かうゆめ咲線に接続している。JRはほかに兵庫県の尼崎から北新地駅方面へ抜ける東西線、大阪駅から神戸方面へ向かう神戸線、奈良方面の大和路線、京都方面の京都線、和歌山方面の阪和線などがある。

私鉄

大阪近郊県へのアクセスに大活躍!

　大阪は私鉄が充実しており、市街から各地へと路線が延びている。また、大阪だけでなく近郊の神戸、奈良、京都、名古屋方面などへのアクセスにおすすめ。主な私鉄は、阪急電鉄、阪神電鉄、南海電鉄、京阪電鉄、近畿日本鉄道などがある。

ICカードの相互利用

　現在、交通系ICカードは全国で相互利用が可能になっている。大阪ではJR西日本の「ICOCA」と私鉄各社の「PiTaPa」が発行されているが、他地域の「Suica」「manaca」「はやかけん」など多くのカードでも、改札の入出場やチャージなど問題なく行える。ただし、オートチャージは利用できず、伊丹空港へのバスをはじめ一部対応していないバス路線もあるので注意。

なんば駅周辺MAP

大阪駅・梅田駅周辺MAP

お得なチケット

各社が発売しているので、うまく活用したい

1日乗車券「エンジョイエコカード」

大阪市内の地下鉄、ニュートラム、バス全線が1日乗り放題となるカード。また、市内の約30カ所の施設でカードを提示すれば入場料割引などの優待が受けられる。最初に改札を通したときに利用日が印字され、事前購入が可能。

料金 820円(土・日曜、祝日620円) **販売場所** 地下鉄駅構内券売機など
Osaka Metro・シティバス案内コール☎06-6582-1400

スルッとKANSAI大阪周遊パス

大阪市内のJRを除く地下鉄、私鉄、バスの1日乗り放題パス。大阪城天守閣や梅田スカイビルの空中庭園展望台など約50の施設に無料で入場できるほか、入場料が割引となる施設や、特典の付くレストランも多数。2日券は連続する2日で有効。

料金 1日券2800円、2日券3600円(券により利用エリアが異なる)
販売場所 地下鉄、ニュートラムの駅、観光案内所、市内のホテルなど
Osaka Call Center ☎06-6282-5900

関空トク割ラピートきっぷ

南海・関西空港駅～なんば駅のラピート特急券と乗車券がセットになったきっぷ。車両内では販売していないので、改札に入るまでに購入する必要がある。

料金 1350円 **販売場所** 南海・なんば駅、関西空港駅などの窓口
南海テレホンセンター ☎06-6643-1005

タクシー

効率的にポイントを巡りたい人におすすめ

目的地が駅から遠い場合などは、バスや電車よりも早く、人数によっては安く済むことも。初乗り料金は600円(1.3kmまで)。名所めぐりや食い倒れの旅など、各タクシー会社が打ち出している大阪ならではの観光プランも便利でおすすめ。気になる人はHPなどでチェックしてみよう。
MK観光タクシー ☎06-6562-5489

観光バス

2階建てのオープントップバスで名所めぐり

大阪駅JR高速バスターミナルから発着する2階建ての観光バス「OSAKA SKY VISTA」。開放感たっぷりのオープントップバスで中心部の観光名所を巡る。「うめだルート」「なんばルート」の2ルートを日に3便運行(期間限定の特別コースもある)。どちらも料金は2000円、所要は約60分。
西日本JRバス予約センター(予約)
☎0570-00-2424

南海難波駅直結のなんばパークスバス停に発着する観光バス「OSAKA WONDER LOOP」はミナミの街めぐりにおすすめ。ループバスは、大阪城や難波、阿倍野、心斎橋など14カ所の大阪観光スポットを乗り降り自由に楽しめる。1日券2500円、2日券3000円。地下鉄とクルーズ船の利用がセットになった大阪シティバス1日券3000円、2日券3500円もある。
※2024年12月現在、運休中
Wonder Loop Bus
☎06-6147-7763

大阪水上バスアクアライナー

水上バスで水都大阪を巡ってみよう

大阪の中心街を流れる大川を走る水上バス。大阪城公園から大阪の名所などを楽しむことができる「アクアライナー」と、大阪城公園と湊町リバープレイス間を往復する「アクアmini」が運航され、川に架かる橋をくぐりながら大阪の中心スポットを巡る。季節限定のイベントクルーズも実施している。
大阪水上バス ☎0570-035551

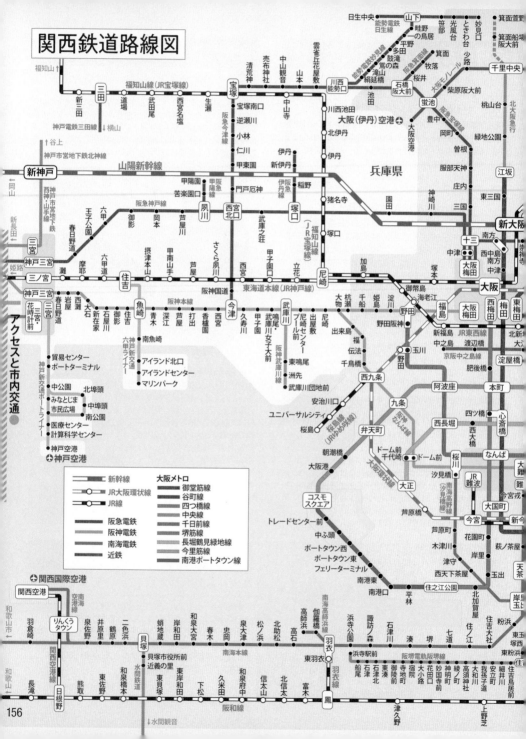

関西鉄道路線図

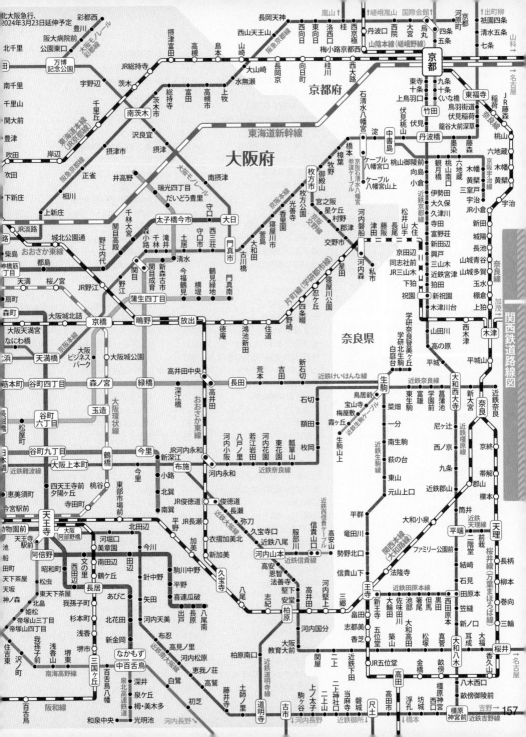

関西鉄道路線図

INDEX

歩く・観る

STAFF

編集制作 Editors
(株)K&Bパブリッシャーズ

取材 Coverage
(株)TRYOUT　内藤恭子　李宗和

撮影 Photographers
(株)TRYOUT　李宗和　コーダマサヒロ
渡部恭弘　佐藤佑樹　篠原耕平　谷口哲　渡部恭弘

執筆協力 Writers
内野究　加藤由佳子

編集協力 Editors
(株)ジェオ

本文・表紙デザイン Cover & Editorial Design
(株)K&Bパブリッシャーズ

表紙写真 Cover Photo
PIXTA

地図制作 Maps
トラベラ・ドットネット(株)
DIG.Factory

写真協力 Photographs
ユニバーサル・スタジオ・ジャパン
ユニバーサル・シティウォーク大阪
関係各市町村観光課・観光協会
関係諸施設
PIXTA

総合プロデューサー Total Producer
河村季里

TAC出版担当 Producer
君塚太

TAC出版海外版権担当 Copyright Export
野崎博和

エグゼクティヴ・プロデューサー
Executive Producer
猪野樹

おとな旅 プレミアム
大阪 第4版

2024年3月5日　初版　第1刷発行

著　　者　TAC出版編集部
発 行 者　多 田 敏 男
発 行 所　TAC株式会社　出版事業部
　　　　　　（TAC出版）

〒101-8383 東京都千代田区神田三崎町3-2-18
電話　03(5276)9492(営業)
FAX　03(5276)9674
https://shuppan.tac-school.co.jp

印　　刷　株式会社　光邦
製　　本　東京美術紙工協業組合

©TAC 2024　Printed in Japan　　ISBN978-4-300-10981-6
N.D.C.291　　　　　　　　　落丁・乱丁本はお取り替えいたします。

本書は、「著作権法」によって、著作権等の権利が保護されている著作物です。本書の全部または一部につき、無断で転載、複写されると、著作権等の権利侵害となります。上記のような使い方をされる場合には、あらかじめ小社宛許諾を求めてください。

本書に掲載した地図の作成に当たっては、国土地理院発行の数値地図(国土基本情報)電子国土基本図(地図情報)、数値地図 (国土基本情報)電子国土基本図(地名情報)及び数値地図(国土基本情報20万)を調整しました。